또 하나의 소실점, 꽃

또 하나의 소실점,

최 표 정 시집

도서출판 천우

● 시인의 말

  먼 먼 이별처럼 길이 사라졌습니다. 제대로 화해도 못한 채, 소실점으로 치닫는 시간 잃어버릴 수밖에 없었습니다. 그러나 부모님은 불사조 되어 속삭입니다.
  "나의 탄생은 죽음에서 시작된다고"
  길이 끝난 곳에서 다시 길이 시작됩니다. 소실점 끝에서 또 길이 시작됩니다.

  십여 년 동안에 밤과 낮을 반복해서 또 소멸과 부재 속에서, 나의 정체성마저 붙잡기 힘든 시간 속에서 아스라이 길을 찾기도 힘든 소실점 끝에서 문학만이 다시 길을 만들어 주었습니다. 시(詩)는 써져야 하고 발표되어야 하지만, 그냥 허공을 생각하기만 해도 미소 짓게 하는 발광체일지도 모릅니다.
  그냥 바닥에 앉아 이 세상에 존재하는 모든 시(詩)에게 감사를 올립니다.
  지우고, 또 지우는 외롭고 쓸쓸한 길, 그래도 가야 할 길입니다.

  니체는 "먼저 쓰고 그 다음에 철학한다."고 『즐거운 지식』에서 말했습니다. 그렇습니다. 아무튼 쓸 수만 있다면 이후에는 아마 생각할 수 있을 것입니다.

2024년 10월
최 보 정

제1부
또 하나의 소실점, 꽃

● 시인의 말

섬강(蟾江) 둔치 __ 15

서설을 읽다 __ 17

기억의 물방울 __ 19

겨울 섬강에서 배우는 것들 __ 21

한계령에 내리는 봄눈 __ 23

한계령 골짜기 __ 25

세차로(洗車露) __ 26

횡성 한우(韓牛) 동상(銅像) __ 28

나뭇잎들 __ 30

호숫길의 초대 __ 31

정오의 섬강 __ 33

얼음판 __ 34

대관령 병꽃 __ 36

수선화 눈밭에 묻힌 자리 __ 38

소리의 공덕 __ 40

제2부

상상의 꽃들

목련은 늦은 비에 떨어지고 __ 43

철쭉꽃 너머 호수는 견고했다 __ 44

눈 덮인 산야 __ 46

빈맥(頻脈)이 뛰던 날 __ 47

좋은 미용실에서 __ 49

꽃무릇 축제 1 __ 51

꽃무릇 축제 2 __ 52

테니스공 1 __ 53

테니스공 2 __ 55

은사시나무 눈꽃 __ 57

칼과 라켓 __ 59

할로윈데이 참사 __ 60

나의 빨강을 그대에게 __ 61

제3부
그리움의 저편

흰 철쭉꽃 _ 65

비단 안개길 _ 66

여름 섬강에서 배우는 것 _ 68

어머니, 벚꽃 _ 70

섬강 아침을 읽다 _ 72

원주천(川) 언덕바지 벚꽃 _ 74

하지만, 사랑이란 말인가 _ 75

접시꽃 닮은 당신, 데레사 _ 76

낙산 바닷가에서 _ 78

산수유 열매는 _ 79

샛길 _ 81

흰 구름이 떨어지는 사계절 _ 82

자귀나무 _ 83

벚꽃가루 _ 84

제4부

꽃들의 생각과 감정

삼색의 코스모스 모여 있다 _ 87

백지 한 장 태우는 것은 _ 89

비 개인 후 _ 90

송전탑 _ 91

상고대 꽃 _ 92

온고이지신(溫故而知新)으로 하나 되기 _ 93

버찌가 익어 가는 길 _ 95

삼월 첫날 _ 97

다음, 장미는 피어난다 _ 98

묵정밭의 슬픔 _ 99

물무늬 여자 _ 100

얼음강 위엔 새 발자국밖에 없다 _ 101

섬강 백로의 시선 _ 102

내 기도의 변천사 _ 103

빈집에 뜨는 달 _ 105

제5부

슬픔의 모습

상사화 __ 109

그곳의 마침표 __ 110

위태로운 봄눈 __ 112

작약(芍藥)의 고향 __ 113

칠자화 __ 115

비행기 밖 춤추는 구름 __ 117

빈집 __ 118

배달 빨래방에서 __ 119

먼, 먼 이별 __ 121

별의 구조 신호 __ 123

골목길과 종일 할머니 __ 125

태기왕의 비원 1 __ 128

태기왕의 비원 2 __ 129

복사꽃 지다 __ 131

제6부
기억의 소실점

포플러의 가슴꽃 __ 135

이팝꽃이 눈을 적시다 __ 136

사랑은 젖어 든다 __ 138

국화 향기 __ 139

해신당 __ 140

사상누각(沙上樓閣) __ 141

아버지의 통곡 __ 142

우산이 된 까마귀 __ 144

원앙벌에 해가 솟는다 __ 146

가을 길 __ 148

긴 다리 고라니야 __ 149

태기왕의 비원 3 __ 150

등대와 등대 사이 __ 152

● 해설 종횡무진 우주를 넘나드는 시혼 / 이영춘 __ 154

제1부

또 하나의 소실점, 꽃

또 하나의 소실점, 꽃
— 섬강(蟾江) 둔치

활짝 핀 벚꽃, 흔적이 없어요
늦게 핀다는 섬강 둑길 벚꽃 찾는 늦은 밤
가로등 아래 키 작은 벚꽃나무 한 가닥
하얗게 웃고 있네요, 아무도 없네요
드문드문 회색빛 바위들은 나를 기다렸을까
가로등보다 더 희게 웃고 있어요
검은 돌멩이들 철망에 갇혀 있는데도
고개를 들고 두리번거리네요
봄밤, 어슬렁대는 고양이 하나 없는 개울가
이 깊은 밤 돌 위에 앉아
벚꽃을 봅니다
찬 돌덩이, 내 가슴 위에 소실된 벚꽃들
하늘하늘 때맞춰 피어나고
때맞춰 사라지는
공중의 물방울 되었어요
무어라고 부르던, 아니 그냥 보이는 대로
모두가 진실인데
무얼 찾아 헤매나요

새벽녘,
후두둑 바람이 불고 비가 듣기 시작하네요
60년 만의 호우경보라니, 이 봄에

우리는 어디서 와서 어디로 가는가
꽃들이 무참히 떨어지네요
내일이면 볼 수 없는,
마음으로 새기며 돌아오는,
천둥번개 뒤편이 뽀얗게 모이네요

서설을 읽다

액화 산소통에 닿으면서 눈물로 쌓이고
주차장 노란 경계선 위에도
주목 나무 상록수에도
말라붙은 빨간 장미 가지에도
가짜 트리나무에도 흰 눈이
무겁도록 쌓였다

설날 아침 천지가 하얗다
산간 중부지방 한파주의보 뚫고
펄펄 내리는
저 긴 사연들이 봉투째로 뜯어지며
젖은 글씨로 쏟아진다
원주 세브란스 신경과
팔 층 병실에서
눈을 들어
젖은 글씨를 본다

갑자기 쓰러진 당신
우측 뇌는 굳어서 막혀 있고
뇌와 심장은 곳곳이 터져버린 실핏줄이었다
무조건 참고 참기만 한 결과였던가
단 한 번도 마음 턱 놓은 적 없는 당신은
늘 가슴이 옥죄어오고

빈맥으로 들뜨고 관상동맥은 끊어지고 막히고
손끝 발끝에는 먹글씨 같은 피를 매달고
당신이 내게 보내오는 저 사연들은 허공에서 흩날리나
무거운 편지
날카로운 압정 같은 저 글씨들
내 심장을 찌른다

엑스레이 속, 두뇌와 심장에도 막힌
동맥들은 허연 눈발같이 채색되고
허옇게 얼어버린 배춧잎 쉼표투성이
굳어버린 그 글씨들의 덩어리는
모든 게 허명임을 알게 하고
하루하루를 영원같이 살라는 물음표를
한순간도 떨어지지 말라는 그런 설의법으로 창밖을
수없이 때리고
'미안하다 미안하다'고

서로서로 외치고 서로서로 부딪치고

어느덧 새 생명으로 수천수만의 방점을 찍으며
병실 밖에
서설(瑞雪)이 저물도록 내리고 있다

기억의 물방울

삼월 엿새 늦저녁, 은하(銀河) 흐르는 호숫가
파리한 개밥바라기, 초승달과
나란히,
호수는 꿈꾼다
품이 넉넉한 그녀의 꿈은
물이랑 방명록이다

그녀의 모퉁이는 다녀간 사람들의
다정한 목소리로 쉴 새 없이 출렁이고
즐거운 웃음은 추억으로 기억된다
서로의 생각을 보듬고
호숫길을 스치던 그들의 삶은
한결같이 모난 부분을 둥그렇게 구부린
물방울 같은 방문객,
오늘의 맨 끄트머리에 선, 나는 어떻게
기억될 것인지,
물살은 오래된 노래로 말하리라
'확대된 시선'으로 물낯을 본다고 할 것이다

돌아보면
언제나 물길의 꿈은
샛별처럼 파르르한 상처를

아이처럼 물의 노래로 찰름찰름 펼치고
빈 발자국들이
안식으로 반영되는 것이다
이미 사라진 별에서도 어둠을 밝히는 빛이 스며든다

호심(湖心)은 노을에 젖은 주홍 연서(戀書)를
그대에게 읽어주고 싶은 것이다

겨울 섬강에서 배우는 것들

저것 좀 봐
자기가 고래인 것처럼 물보라를 뿜어 대며
신나게 자맥질을 해 대네
올 들어 가장 추운 소한(小寒) 날에
얼음이 핀 섬강의 갈대숲을 벽으로 삼고
가정을 꾸릴 준비가 바쁘네
부부인 듯한 뚱뚱보 청머리오리
나란히 뒤돌아보며
숱한 새끼들을 교육시키네
말도 잘 들어 첨벙첨벙 풍덩풍덩 풍더덩
목욕을 하네
물보라 일으키며 날개를 퍼덕이며 신이 한참 오르나 봐

몇몇 떼거리 재미난 듯
시커먼 바위에 앉아
의젓이 바라보고 있네,
산책길로 닦여진 포도(鋪道) 위에
오리털 코트 자락에 털모자 쓴 여인네가
돌을 힘껏 던지네
시끄러운 소리 때문이 아니라네, 오직 거창한 날갯짓이 보고픈 생각에 자꾸 던진다네, 애매한 백로만 흰 구름 속으로 사라지고, 저것들은 꿈쩍도 않네, 시베리아에

서 날아온 것들, 사할린에서 날아온 것들, 지친 몸을, 물
속 냉장고에 온몸을 처박고 신이 났네

  나도 얼음강 건너 저 속에 뛰어들고 싶네
  수만 리 밖, 추운 나라 이야기 듣고 싶네
  죽음을 무릅쓰고 돌아온 고통, 한겨울 다 읽고 싶네
  진저리 치며 파드득 깨어나고 싶네
  오리털 홀라당 강물로 던지고 싶다네

한계령에 내리는 봄눈

폭설이 내리는 내설악 길을 달린다
산 아래 골짜기 고향 마을에 눈길을 주지도 않고
봄눈 속 칼바람 소리를 들으며 정상을 향해 달린다
입춘이 지나고, 우수가 지나고, 경칩이 지나도
명치끝을 찌르며 치받아 오르는 불덩이
의사는 화병이라지만 그리움을 버리려
폭설로 내리는 한계령 길을 달린다

정상엔 울울한 나목들
봄눈은 제 몸을 녹여 나무들을 흔들어 깨우고,
속죄하라고 내리는 봄눈은 내 집착을 흔들어 깨우고
내리막길은 오직 하나, 그 끝은 아득한 추락
차창 너머로 날아드는 봄눈은
경전에서 쏟아지는 말씀, 말씀, 말씀들….

머리 검은 형상을 한 등대가 연기에 휩싸인다
마음의 눈물로는 저 타오르는 불을 끌 수 없어
둥둥둥 북을 울리고, 가죽을 찢고, 활시위를 당긴다
하늘 가득 날아오르는 검붉은 화살들
오색 산마루에 검은 안개가 치솟는다
내 이마에서 검은 피가 흐른다

나는 화살을 맞으며
불을 끄러 다니는 여인,
마음을 비우려고 한계령 고개를 넘는다
나는 빈 껍데기, 폭설 속에서 내가 타고 있다
돌돌돌 돌아가는 풍향기가 수평선과 나를 끌어올린다

한계령 골짜기

굽이굽이 돌아 한계령에 이르니
단풍잎 붉게 탄다
차창 밖의 바람을 퍼, 끌어 당겨 와서
한 줌 두 줌 수만 줌을 당신 얼굴에 부벼 본다
바람으로 묶고 싶어서
아니 올올이 풀고 싶어서
오르르 화르르
단풍으로 불타게 하고 싶어서

휘모리 치며 떨어지는
바람의 상처도 저토록 아름다워서
자드락밭 산기슭 나뭇가지들
서로서로 누억 년 부둥켜안았을 것이네
마치 삶이란 고독한 여정에서
서로 끌어안고 출렁이는 작은 일상 속에
우주만큼 큰 것이 들어 있음을 알았다네
단풍의 설렘으로 벅차올라
훌훌 자신을 내노라 벗어버리고 말았다네

바람의 향기도
한계치를 넘어
백일몽 꾸게 하는 곳

세차로(洗車露)

흰 구름 몇 점에 하늘은 더 파랗다
무릎 꿇고 정성껏 기도를 한다

엊저녁 폭우가 왔다
분명 칠석 하루 전날 견우직녀의 마차 씻는
세차로(洗車露)*였다

동쪽 산 위, 물안개 뽀얗게 오르고
하늘가, 하얀 치맛자락 부여잡고, 흰 너울 쓰고
구름 속에 숨어 깊은 밤,
그대 창가에 내리고 있다

고개 숙인 마음을 잡고 돌아오는 길,
나도 몰래 동쪽 산마루 보고 말았다
흰 구름 날렵한 버선코에 마차를 타는 흰 여인의 형상
구름 마차 뭉게뭉게 가득하니, 이내 가득할 저 산 너머
또 당겨오는 구름의 손짓, 그냥 산 위로 올라가서
잡고 싶은 저 구름선
하늘만 보다 땅을 보는 순간 어지럼증 돋는다

'위험, 추락 주의, 접근금지'
도로가 파인 자리, 빨간 삼색 경고판

시커먼 진흙탕에 어리는 그대,
차창 가에 꽂혀 있는 플라스틱 꽃들 뚝뚝 떨어지는데,
그대 창밖에 떠도는 매지구름이 보인다
도로 공사 중, 마음도 공사 중이다

* 세차로 : 칠월 칠석 하루 전날 오는 비는 견우직녀 태울 마차 씻는 비.

횡성 한우(韓牛) 동상(銅像)

  비를 머금은
  매지구름 떠나고
  줄기차던 장맛비도 떠나고
  산 계곡 물소리만 요란하다

  비거스렁길 걸으며 횡성 첫 관문의 국도6번상에 시뻘건 동상을 올려다보는데, 한두 살배기 송아지가 얌전히 꼬리를 내리고 있는데, 목줄기만큼은 두텁기가 탱크 같다 도로공사장 옆, 꼭히 어른 키만 한 더미가 깃발을 들고 있는데, 어느 곳엔 서너 살배기 어린아이 더미가 깃발을 들고 서 있기도 하는데, 나도 몰래 가슴이 쿵 하며 내려앉으며 속도가 멈춰진다 이 어린 한우 동상이 꼭 어린 더미* 같은데,
  성인들은 사랑과 견딤이 크면 꼭 쇠목줄기 같다고 하는데, 사랑이 크면 견딤이 커진다는 뜻 같은데, 우리 어린 한우 동상은 레드와인색이 되다가 빨간 밤색이 된다 큰 사랑과 견딤을 느끼며 맴을 도는데, 횡성의 역사 속에 번영을 안겨 주었다는데, 아무것도 바라지 않는 양, 소가 웃는다

빛나는 한우 동상에
빗물이 소리 없이 흘러내린다
"웰컴 투 횡성" 별마크가 허공중에 흐른다

* 더미 : 도로상에 교통안전 지도를 위해 서 있는 마네킹.

나뭇잎들

창문은 늘 열려 있었다
온통 낙엽이 널려 있었고
실바람만 불어도 휙 넘어와 침대에
낙엽이 흩어졌다
가벼운 낙엽들은 부서지는 것을
두려워하지 않는다
창 너머에는 단풍나무 한 그루
어느 저녁 무렵
가벼운 나뭇잎 하나 쉽게 창문을 넘어와
침대 머리에 살며시 앉아 있는 것을
보았네 먼저 들어와 있는 나뭇잎이 보네
그도 다를 것이 없네
자유롭고 싶었던 낙엽들이었다네
침대에서는 단풍잎이지만
거울을 통해 보면
모두 조그만 여인들로 보이네
모두가 하나이고 하나가 일체인 것을 아는
바람에 떠도는 나뭇잎들
가볍게 창문을 넘어와
시가 되는,
시간을 기다리네

호숫길의 초대

목련 꽃봉오리 터지는 봄날, 청명한 하늘 아래
제비꽃 댓돌 아래 시멘트 귀퉁이 밀어내는 아침
비 개인 후
젖은 구름 흩어지고
물방울 젖은 행복을 찾아 횡성 호수길 달려가고 있어요
버들잎보다 더 파란 물이랑 흔들리고
바위 옆 생강나무 노란 안개등을 켜 들고
물박달나무 물방울을 털고 있네요
"어서 오세요"
'호수에 물들다' 발자국 이정표가 힘내시라고
입구에서 구릿빛으로 웃고 있어요
마스크 쓴 사람들 줄기차게 짝을 지어 오순도순 추억을 쌓고
마라톤 선수도 홀로 천천히 걷고 있어요
뜻하지 않은 재난을 오솔길 솔바람이 위로하고
깊은 물 속에 찰름찰름 누워 있는 나뭇가지들
반영(反影)의 미학을 보여주고 있네요
오솔길* 6구간을 다 섭렵할 필요는 없어요
어느 구간이든 날개 같은 꽃잎 떨어지네요
바람에 휘어진 다래 덩굴 그 아래, 물 건너 날아온 양지꽃
노랗게 핀 산기슭마다, 하루해가 까르르 까르르 웃어 젖히고
제5구간, 은사시나무숲, 나뭇잎 의자에 앉아 보셔요
자잘자잘 따뜻하여 연인을 부르고

그대를 위한 청정공기 나뭇잎 난로, 정말 따뜻해서 잊지 못할 거예요
 여기는 횡성, 태기왕의 꿈길, 호숫길로 오세요

* 오솔길 : 횡성군 갑천면 구방리 망향동산에서 시작되는 횡성 호숫길.

정오의 섬강

컴 화면에 산을 그린다 그러나
아픈 머리는 멈추지 않고 물 생각뿐
섬강에 물결 스치는 소슬바람까지 별첨된다
기꺼이 책 한 권 들고 맨발로 내닫는다

강물은 민낯으로 아파트를 품고 구름의 틈새로 흐르고
몰려다니는 실치들은 그림자 없고…
문득 무영탑이 떠오르며 무욕이 첨가된다
큰 물고기는 상류를 향하여 줄기차게
거슬러 오르려 하고
우리네 젊음이 부록처럼 떠올라 쉼표 같은 웃음도 찍고

태기산 물 매화산 물 합수되어 한 곳으로
흘러 물비늘조차 곧은 문장이 된다
혼자는 풀 수 없는 근심 기꺼이 풀어놓자
정오의 맑은 물이 끌고 흘러간다

어느새 맑아지는 머릿속은 한 권의 책
떨어진 갈댓잎 위로 뱀 껍질 지나가도
이제는 물속 같은 온쉼표 심장도 고요하다

얼음판
— 외로움 부재의 공간

한때 나는 눈은 얼음과 동일하다고 믿었다
동류항으로 빙판을 골라 내려앉았다
서로 냉골이어서
바람이 불고 비를 맞으면
서로 의지하고 얼싸안아
애원의 꽃 물빛으로 피어나리라 생각했다

눈은 얼음 위에 쌓여 가도
얼음은 창문을 열지 않고
안으로 닫아걸어
눈꽃은 빙하가 되어갔다

가끔씩 얼음 위에도
투명한 꽃무늬가 늘어나지만
눈과 애정을 나눈 것은 아니다
차가움이 본질이라는 관념에 몸을 묶어도
온 빙판이 얼음꽃이 되어가도
외로울 여유가 없는 지점

언제부턴가
봄바람 끼어들어 헤집으면
갈라지기 시작하여,

크레바스가 빙하를 운전한다
빙하의 계류
애초에 외로움에 숙달되는
눈과 얼음은 낌새 집합이 된다

대관령 병꽃
— 풍경 1

 뜨거운 햇살 보리가 쑥쑥 자란다 영근 보리는 잘라 놓고 빈자리가 빨갛게 타고 있다 황톳길 따라 흔들거리며 대관령 목장으로 오르고, 계곡에는 울멍줄멍 바위 사이로 물이 졸졸 흐르고, 박달나무, 물푸레나무 작고 갸름한 잎들이 무성한데 물가를 벗어난 너덜겅에는 삼색병꽃이 녹미색, 노랑색, 빨강으로 눈길을 잡더니, 발길을 붙잡아, 다시 오마고 약속을 해버렸지요
 그게 말예요, 올라갈수록 멋진 풍경에 600미터에서 만난 것 잊어먹고, 900미터에서 양들과 놀다가 바람센 언덕에 가서는 까맣게 되었어요 저 멀리서 풍력발전기는 천천히 돌고 안개가 자욱해 앞이 안 보여요 목책로 4구간 1470미터, 연애나무로 기어가 앉았는데, 낭떠러지에서 이별 노래가 올라와요 돌아보니, 이슬방울들이 얼어서 나뭇잎마다 고개를 숙였는데, 빨간 병꽃이 붉은 눈물 흘리며 도열해 있는 거예요 전부 언제 피었는지 빨간 피눈물이에요 이별의 행렬이 전부 기를 쓰고 올라와 기진맥진해진 건지 피가 나요 안개비에 줄줄 흘리네요
 왜 우리 집 뒷산에 병꽃이 요오드징크 액처럼 빨갛기만 하다가 공업단지에 매몰되었는지 순간 떠오르는 거예요 산이 무너질 것을 미리 알았나 봐요

서둘렀지요 숲속 여유는 접고 붉은 울음 타며, 이별의 노래 부르며, 아래로 아래로 삼색꽃 아래, 땡볕에, 내 마음 파묻었지요 산새도 울고, 갈대, 보릿대 사운거리고 휴식이 오네요

수선화 눈밭에 묻힌 자리

벚꽃 지고 라일락 봉오리 터트릴 제
수선화 구근 세 개를 어머니께 받았다
쪼그리고 앉더니, 왼손으로
한 옴큼 파를 집어 들고
오른손으로 노란 알뿌리를 집어 들었다
꽃밭 머리에 시선을 준 이마 위로
서산 노을이 빨갛게 빛나고 있었다

장독간에 던져둔 수선화를
잊고, 장마철 훨씬 지난 후에나
라일락나무 그늘에,
쭈그렁 밤톨 같은 수선화 알을 심었다

그 수선화,
동그란 이파리들 단풍들 제, 앞산 전부 붉어질 제, 한 잎이 솟아올랐다 가녀린 파 줄기처럼 오르더니 상사화처럼 퍼렇더니, 낙엽들 제 발등에서 뒹굴게 하더니, 앞 앞이 부서져 자취가 없는데도, 찬 서리에도 악착같이 난초같이 견디더니, 어머니처럼 단 하루도 좋은 날 못 보더니, 첫눈에 허리 꺾이더니, 연이어 내린 둘째 눈에 '폭삭' 파묻혔다 우리 어머니 좋은 시절 한번 지내보지 못한 채, 먼 먼 이별 속으로 가시더니, 눈 눈으로 그리 이뻐하던 수선화, 고결한 곳으로 데려가셨나 보다

할 줄 아는 건 울먹이며 그리워하는 것과
그리워하는 것도 죄(罪)가 되어버린
매사 무심했던 나를 보시려고, 어머니
하얀 수선화로 다시 내려와
지금도 녹지 않고 계시다

소리의 공덕

내 귀는 얇아서 촛불처럼 예민해서
좋을 게 없지 내 귀뿌리 커서 싫구나

지나는 바람결에도 흔들리면
훗날, 속절없이
머언 먼, 하늘 보며 울 수도 있겠지

친구야, 흔들지 마
내 귀는 얇아
부지불 가난을 산다는 것은
고독의 소리를 즐겨야 해

귀뿌리 누르며 아픈 머리 달래며
큰 수술 마친 동생을 퇴원시키러 가는 오후

다디단
가을 공기 마시며
강이 보이는 휴게소에서
동생의 우동 한 그릇
호로록 호로록 소리에
시름도 잠시 쉰다

제2부

상상의 꽃들

목련은 늦은 비에 떨어지고

치악산 한의원 뜰 앞
어제 만난 늙은 목련나무
정수리, 이마, 등줄기까지 꽃을 피웠다
몸통은 전봇대를 비껴 갸우뚱 기울고
가지 끝은 고압 전선줄을 피해 아슬하였다

간밤
시샘인 듯 검은 매지구름 몰려오고
잠을 설친 나는 그윽한 향기 폭우에 찢기기 전
일찌거니 빗길을 달려 그 뜰에 들어섰다
너른 마당은 침상이 되어 꽃잎들
찢어진 조각배로 누웠다

머리 허연 할머니
침을 왕관처럼 꽂고 사이사이 부항 뜨고
뜸까지 얹어 자욱한 연기 속에 누워
"열여덟, 어린 신랑 위해 잎도 없이 시작한 신혼,
그러나 가지란 가지는 전부 꽃을 피워 자식만 아홉이요"
저 보시오, 날개 달린 것들 힘이 넘쳐 가시를 헤치고 펄펄

이른 봄날 뜸뜨던 연기는 사라지고, 젖은 흔적마다
꽃 진 자리가 선명하다

철쭉꽃 너머 호수는 견고했다

미쁜 빗줄기에 목욕하는 철쭉꽃 대궐은 허공과
땅에서 온기를 털고 있었다
숱한 가족들이 연등을 건 꽃 터널을 통과해 나오며
파란 바람 등 하나 흔들리게 해놓고
떨리는 소리로 기도를 올렸지
나 혼자 애쓰는 게 색깔 잃은
낙엽인 양, 젖은 발걸음을 끌며 굴러가듯 몸을 떨며
계류를 따라 한없이 떠밀렸지
빈속의 내가 목 잘린 철쭉 같아
키 큰 해바라기 그림을 매단 낡은 카페에서
블랙커피를 끌어안고 무수한 별들이 빠져 있는 호숫가로 나왔지
검은 물은 뜨겁게 내 핏속을 타고 돌고
사위는 적막과 어둠으로 꽉 차 있었지만,
강둑 아래 네온 불빛들은 물속에서 찬란하게 돌고 있었지
순간, 요란한 음악이 울리고 물결은 비틀리고
퍼뜩, 난, 보았어
저 환상적인 용궁 문이 열리며 거북이가 나를 부르고,
나는 저 속에 공주였다고 분명히 보았어
수선화 무리가 흔들리는 거 같았어, 현실과 비교가 되었던 거야
영원으로 간다고 뛰어들었지, 쓸쓸함을 버리고 거짓으로
가득 찬 추레함을 버리고,
이 세상 식구들을 위해 연등을 거는 것조차

얼룩을 설거지하는 것에 불과하다는 걸 느꼈던 거지
끝없이 계속될 것 같았지
융숭 깊은 저 용궁은 진정, 따뜻해 보였던 거지

그런데, 그러나, 물은 나를 떠밀어 올렸고
급한 메아리 하나 물보라를 일으키며 뛰어들었지
남의 탓을 하는 것은 네 무능을 보이는 것이라며…

눈 덮인 산야

산과 산 또 산으로 막혀버렸는가
십여 년 공든 탑이 무너지려는가
숨도 차고 눈물도
말라버렸는가, 눈 감고 있자니
바람 소리와 눈보라 날뛰는 벌판의
휘몰아치는 눈발 사이로
맥없이 모래탑은 무너지고 있구나
어깨에 힘이 빠진 채
무릎까지 절룩거리며
또 어느 산속을 관통하는
터널을 뚫고 나갈까
백설이 가득 쌓인 벌판에는
집 없는 검은 까마귀 떼 울음이
참으로 잘 어울리는 새해 아침이구나

시인은 끝없이 가야 하는 것이라고 되새기며 간다

빈맥(頻脈)이 뛰던 날
— 김영민 시인 부고를 접하며

흰 눈이 산과 들을 덮고
나무들 이름을 지우듯
일색으로 통일시키려는 듯 푹푹 쌓였다

웬, 난데없는 부고가 모르는 이름으로 카톡창에 뜬다
흰 종이 가득 글자를 새겨 넣은 모르는 이에게 갈피를 잡지 못해 전화를 했다
혹시 논문 쓰는 김 영 민 씨 말입니까 아는 분은 그분밖에 없어서
네, 맞습니다 저희 아버지세요
앞이 캄캄해지고 영 믿기지 않는다 이건 아닌데
낼모레이면 논문 완성본을 보여준다 한 그 양반이 죽었다니
내일이 하관 날이라니, 마구 빈맥이 뛴다
감정이 통제가 안 된다 열정 넘치는 학도가 죽다니 심정지로
그것도 북한산 등반 후에 등산을 마치고 집에 와서 혼자 잠자다가
심장마비라니, 3년 동안 쓴 그의 논문 속 "아홉 켤레의 구두로 남은 사내"의
양반 권 선생 같은 용기 있는 양반이 그토록
애쓴 논문을 땅에 같이 묻어버리는구나

은세계 백색의 세계에 소리 없이
파묻혀 버리고 마는구나
조용한 한 시인의 죽음이
나를 비보 속에 떨고 있게 만든다
수천수만 장의 백지들이 눈물을 흘린다

* 윤흥길의 연작소설 『아홉 켤레의 구두로 남은 사내』 소설 참조.

좋은 미용실에서

'좋은 미용실'에서 단골손님으로 우아하게 염색을 하고 있다
 거울에 비친 알밤같이 윤이 흐르는 머리를 만지작거리며
 긴 머리를 레이어드 커트로 분할할까요 묻는데, 선문답하신다

 목련 같은 '좋은 원장님'은 1년에 딱 한 번 고국에 와서 머리를 자르고 가는 독일교포가 있다고 말한다 그녀는 "1년 내내 머리를 기르고 고국에 와서 고향의 미용실에서 딱 한 번 자르고 또 독일로 가서 일 년 내내 고향 꿈을 꾸며 살아간대요 그리고 1년 후에 또 와서 자르고, 참으로 성실한 경지의 독일 정신 같지 않아요" 한다

 그 순간 불현듯, 내 머리칼 사이로 독일영화 '글루미 선데이' 열정의 여자 머리카락이 오버랩된다 헝가리 피아니스트와 카페 주인 사이에 우울한 사랑의 선율이 막 흐르고 있다

 내가 보는 거울 속으로 글루미 선데이 여주인공 '이루나'가 계단을 밟고 내려오며 유난히 하늘거리는 머리칼 사이로 헝가리 피아니스트를 바라보며 미소 짓고 있는 환상이…
 어찌 보면 우리 여인들 달개비꽃같이 쪽 찐 머리 사이로

긴 머리가 빠져나온 듯 찰랑거리고

  오라, 오늘 저녁에는 '글루미 선데이' 영화를 그리움 헤집듯이 찾아보리 그 마음을 주머니에 넣고,
  "좋은 미용실 원장님, 글루미 선데이 영화 보세요
  나보고 긴 머리도 잘 어울린다고 해줘서 고마워요" 했다
  나는 가을 들판 기린초처럼 착각을 바람에 하늘거리며…

꽃무릇 축제 1

 여느 애인이 불러낸 곳을 찾아가듯이
 상사화 꽃무릇 떼 찾아 달려간다
 좁은 산골길을 들어서면서
 잎이 떨어지기 시작하여 헐거워 보이기 시작하는
 가로수 나무 아래부터 빨간 피륙을 펴놓고 있다
 황금 물결치는 벼포기를 보호하듯이 붉은 꽃무릇이
 울타리 치고 있다
 이천리 길 넘게 달려와서 수천수만 붉은 꽃
 벌판에서 맞닥뜨려서 심장이 마구 뛴다
 상사화 전설이 살아있음을 형상으로 보인다 불가마에서
재생한 듯
 오글오글 톱니 칼날같이 모가지 긴 목 끝에 꽃판이 돌려
핀다
 잎은 어디에 가 있나요 남쪽 꽃무릇은 꽃이 먼저 피고
 꽃이 죽은 뒤에, 텅 빈 땅 위에 추운 늦가을 서리가
 내릴 그 지음, 잎이 쏙 나온다 그리고 찬 겨울 백설이
내릴 때도 녹빛
 촉이 살 듯이 눈더미 아래에서도 잎이 존재한다
 그리고 나선 잎이 죽은 뒤에 한가위쯤, 푸른 냉기가
서리서리 휘저을 때 꽃망울이 땅을 밀고 올라온다

 잎과 꽃이 만날 수 없는 상사화 존재 그 고독한 사랑
 돌산 속에서 불타는 외마디 비명을 나는 보고 있다

꽃무릇 축제 2

별이 칼날 되어 석탑을 때렸다
불갑사 석탑 아래
핏물로 범벅이 되어
피어난 꽃무릇
한 움큼 움켜쥐고 허공에 확 뿌린다

톱니 칼날을 움켜쥔 채
깊은 산골짜기에 빨갛게 번적거렸다

아이들 웃음소리 너머로
드론이 일제히 울어대며 허공에 퍼졌다

빨간 꽃무릇
천 년 이천 년이 흐른 뒤에도
석탑 아래 빨간 화신(花神)이 되어
지순한 사랑으로 불꽃 댐이 터진 듯
온 천지를 뒤덮었구나

테니스공 1

내가 테니스 그물에 걸려들게 되는 것은

공에 홀려서 공놀이를 하는 것

저절로 공놀이에 자꾸 빠져서
이리저리 공처럼 뛰게 하는 동심이 살아나는 것

허공에서 연둣빛 실오라기 각기 다른 곡절로 인해
비행운 곡선으로
내 앞에 착지하려 하는 것을

퍼뜩 되받아 허공에 노랗게 되돌아가게 하는 것

속도로 연둣빛 공은 오가는 것이지만 라켓은 묵묵히
여유 만만히 꺾은선 그래프 그린다

한순간이라도 자신을 잊으면, 지우지 못하는 욕심처럼
아웃 볼이 되고 말 뿐,

따가운 햇살 내려쬐고,
때론 눈이 흩날려도
허공에 가득 차는 포물선조차

호동그란 털송이 꽃판 아래서
어린 날, 대운동회 파란 가을
바람 따라 흔들리는 곤봉의 리본같이
춤추기 때문이다

테니스공 2

　일단 연둣빛 꽃숨
　완벽한 연둣빛 꽃망울 땅 위에 그득하네요
　총총한 줄삽으로 퍼담아요 볼머신기에서 하나둘씩 날아서 피어오르는
　연둣빛 동그라미 꽃 보푸라기 튄다
　실버가 젊음과 춤추는데 직선과 곡선의 만남은 시공간에 얽매이지 않는다
　처음 시작은 서너 살배기 손자 초록 주먹으로 손안에 담기지만 상상력으로
　확대해보면 앙징스런 초록공을 몰입해 따라가면 커다란 보름달 블루문처럼 보이게 되는데,
　그때 바로 그 집중에 상상력이 합체될 때 항아리로 보이게도 될 때
　손목과 어깨가 함께 춤을 추며 라켓은 일직선이 되어 밀려 올라가고
　어깨에서 곡선으로 만나게 되는데…

　이날의 이 시간은 푸른 창공을 넘실거리며
　지난날의 음울이 먼지처럼 흩어져 버리네요

　이 푸른 하늘 마당에서는 연둣빛 정종 잔 같은 꽃다지 꽃은

허공에서 포물선으로 피어났다가 땅에서 산화되기 전에 출렁대는 무지개 파동으로 푸른 공중에 노란 보름달로 둥둥 떠 있다

 누군가 승리자는 라켓을 끌어안고 허공을 향해 바이올린 연주를 한다

은사시나무 눈꽃

눈을 뒤집어쓴 줄기는 정각 다이아몬드 은사시
눈과 눈이 부딪히며 부서지는 자리마다 은빛 눈꽃
은빛다이아처럼 정상에서 우뚝 서서
반짝이는 심장과 명의(名醫) 눈빛이 얼비친다
상처가 마주칠 때마다
은사시나무 줄기에 다이아무늬가 하나둘 새겨진다
앞산 모서리,
늘 바라볼 수 있는 은사시나무가 위로가 된다
가냘프고 키만 뾰족한 은사시,
찬바람이라도 불면 더 빨리
쏴아 은사사 은사사 공명이 일어난다
비가 와도 긴 자루의 눈, 목, 잎사귀 사이로 마구
노래한다
눈 내리는 종일토록 상처투성이 줄기에서 은색 비파줄
허밍을 날리며
  상처로 파인 홈마다 소리가 난다 모양은 금광석으로
침묵하고 있다 사람을 살려내는 명의(名醫)를 만나는 것
같다 수풀을 환하게 한다 예리한 집도와 판단력으로 상처를
도려내고 꿰매놓은 꿰맨 자리 같은
  다이아몬드 무늬를 가진 은사시 줄기는,
  상처투성이도 빛을 발한 채,
  지식의 통찰력 그 위에 정성의 손길 펼치기에
  사람을 살리는 의술이 된다

은사시나무같이 곧고, 울림 있고, 상처투성이 꿰맨 자국이 모여서 줄기를
　이루는 금광석 꽃 같은 의사들이 원주기독 병원 심장센터에서 모여
　인간 나무를 살릴 줄 아는데
　흰 가운 나무 중에 심장과 명의(名醫) 당신은
　은사시 군락, 경애(敬愛)로운
　다이아몬드 꽃인 것을 아시나요

칼과 라켓
— 호주 오픈대회를 보며

노란 공은 네트를 치고 똑 떨어지면서
상대편을 죽인다 가장 짧은 예도의 한 점 찌르기
하여 그 공이 넘어왔다 하면
바로 긴 공을 날려 맨 끝
아웃 라인 앞에 착지한다
뒤로 자빠지면서 친다면 모를까
도저히 다리가 새가 되지 않고는 못 잡는다

아주 짧게 또는 아주 길게 날리며 시속 200킬로미터
이상 속도로 날아다니는 노란 가죽 깃털
예리한 의사의 검과 테니스 라켓이 살리고 죽이는 데는
똑같구나
타인을 살려내는 수술도 같은 속도일까

5만여 관중이 환호성 지르며 내려다보는 공치기 칼부림
축제 중에 축제요 전 세계를 열광시키는 춤추는 라켓
회색빛 공간에서 관중이라곤 간호사와 형광등 불빛 아래
붉은 혈적에 두 눈을 꽂으며 예도를 예리하게 움직인다
살려내야 한다는 신념 하나로… 예리하고

라켓 칼날은 죽여보겠다는 집중력 하나로 새처럼 날아오른다
마지막 승리(勝利)는 상반(相反)관계다
신예(新銳) 20대가 30대를 압도한다

할로윈데이 참사
— 10월 29일~30일

이태원 골목길에서 참사당하던 날
땅을 청소년들의 피로 물들이던 날
장마철 지난 봇도랑에는 미꾸라지들이 바글바글했다 그래도
윤활유를 가진 그들은 DNA 때문에 압사 없이
좁디좁은 통로를 잘 빠져나갔다
우리의 아들딸들은
철없는 양 떼들은
하늘에서 내려오는 어른들의 윤활유 말이 필요했다
'차근차근히 앞으로 나아가라'는
윤활유의 말소리가 공중에서 들려오기만 했어도 살 수 있었을지도 모른다
비행기까지는 바라지 않는다
거대한 확성기의 소리가 윤활유처럼 흘렀어도
달걀껍데기처럼 호박껍질처럼 압사당하지 않았을 것이다
참혹한 날
참담한 날
부끄러운 어른들은 넋에게나
쓸데없이 말이 많구나 말 많은 어른들을 용서해 다오
아니 아니 용서하지 말아 다오
아들딸들이여

나의 빨강을 그대에게

그대를 빨강 장미라 부르고 싶다
잠 못 드는 밤, 그대에게 어떤 빨강을 줄까 생각한다
무엇을 줄 수 있을까
나의 빨간 컵, 빨간 장갑, 빨간 구두, 촛불, 모자, 미니스커트, 망토까지
주고 싶어, 그대의 가냘픈 발목에 힘을 주고 싶어
나의 인생 추억까지도
나의 지난 발자국은 안 되겠지만 앞으로 올
빛나는 태양 빛을 날실로 짜고
빨간 사과밭에 스며드는 노을 한 올 한 올을
한 움큼 씨실로 엮어 너울너울 샛바람에도 춤추는
빨간 머플러로 그대 어깨를
감싸주고 싶어
그대의 입술에서 흘러나오는 시냇물 소리
시원시원하오니
그대와 나 빨간 촛불 앞에서
고독한 사랑시를 외우며
겸허히 눈부처 맞출 수 있을까

그대에게 레드 카펫을 걸어가게 해줄 수 있다면 얼마나 좋을까

제3부

그리움의 저편

흰 철쭉꽃

오월의 끝자락 한차례 비가 지나갔다
칠 년 전 보았던 철쭉꽃 무리
눈에 선하여 다시 그곳을 찾는다
그날의 친구도 진홍빛 노을 자락도 없다
그때인 양 다소곳이 빗방울은 꽃잎마다 맺혀 있고
어련한 키는 나보다 두 배나 높아져 있는데,
회색빛 바위들을 덮어버려 앉을 자리가 없는데
검은 몸통의 소나무는 이적 그 자리를 지키고 있는데
꽃잎 위에 솔잎 한 점 자취가 없는데
움직임 없는 저들 상처가 없는 것이 기꺼운데
자꾸 흰 꽃은 맑은 눈물을 흘린다 얼굴을 갖다 댄다
향기는 없다 깊이 숨겨놓았나
일벌들은 여기저기 흰 꽃 속에 들어있는데
향기를 차단한 저 백색 면사포들
아주 붙잡고 싶은 오월
기어이 흡혈하듯 꽃잎에 얼굴을 묻고
작아져 묘혈을 파고 눕다가
소리도 없이 향기도 없이
떨어지고 싶은 흰 너울 펼친다

비단 안개길

　밤새도록 쏟아지던 장대비 궁창의 눈가루 녹는 물, 시나브로 우수의 정오부터
　실비 오는 소리로 변했다 답답한 앙가슴을 차에 싣고 고향길로 내닫는다 소양강 강줄기를 품고 흐르는 강물은 산과 산 사이로 물안개를 피워 골과 골을 휘감은 안개의 목덜미는 산마루 능선을 하얗게 뒤덮고,
　호수를 바라보는 나는,

　머리끝은 하늘로 끌려가고
　발끝은 산 아래로 밀려가고
　하늘과 땅에 꽉 찬 내 우수(憂愁)는 하얗고
　포근한 부드러움에 일순간 얼음 깨지듯 깨져버리고
　차가운 얼음강은 잠수함 키우고 그곳에서 안개를 집합시킨 어뢰정을 쏘아 올렸다

　우수(雨水)에 뭉쳐진 빗방울에
　내 모든 감각을 저당 잡히며
　당당한 저 강물과 비단 구름안개의 신비함에
　젖어 있다

　내 고향길이 저토록 장엄한 의지의 표상인데
　내 어찌 졸렬(拙劣)히 살아가려고

내 어찌 호연지기(浩然之氣) 쾌활(快活)을 잠시라도
잊으리오

강으로부터 일어선 물안개는
골짜기를 하얗게 태우고
하늘로 봉황처럼 비상하고 있다

여름 섬강에서 배우는 것

 장마철 떠난 뒤 열흘 지나도록 폭염경보에 시달리고 다시 소나기 퍼붓는 여름 한낮
 물안개가 산 정상부터 계곡까지 하얗게 감싸, 보이지 않던 산골 물이 곳곳에 흐른다 소나기는 뾰족한 예각으로 때리고 낙우송이 무참히 쓰러진다 차창이 온통 물 능선이다 그래도 간다 섬강 강가까지

 섬강에서 폭염 속 남중 시간에, 아무도 걷지 않는 시간에 나 혼자 다섯 마리 거북이 가족을 만났다 그중 검은 우산만 한 거북이 대왕을 만났다 거무스레한 바위를 다 덮고 있어 그냥 바위인가 싶어 멍히 보는데 목이 길게 쭉 빠져나오며 나를 향하는 모습이었다 꽤 한참 놀란 가슴은 어떤 희열이 솟아 나오며 아, 저것은 분명 내가 십 년 전, 섬강 산길에서, 여름에 내 발길이 잡은 그것이구나 목을 뻗어 내 손목을 물어뜯으려 하는 놈을, '잘 살게 해주려고 그래' 하며 살살 달래가며 무섭게 참으며 섬강에 던져 넣었었던 그놈이구나 이제 대장이 되었나 보다, 아주 오랜만에 만나도 알 수 있었고, 내 소식을 전하듯이 돌멩이를 던졌다 그 순간 주변에 바위마다 꿈틀꿈틀 거북이들이 슬금슬금 물속으로 내려가는 것이었다 놀라워라, 엄청난 생명의 환희가 나를 뒤흔들었다 어떻게 저 강을 저 바위들을 저 거북이들을 찬탄하지 않고 볼 수가 있을까? 그윽한 물소리가 나를 달래주었다 너는 불행하지 않다고

그 이후 남들 없는 남중 시간에 섬강을 탐한다 바위를 샅샅이 훑으며 앞 개울 뒷 개울 두 개의 물줄기가 합쳐 윤슬의 폭도 크고 소리도 휘파람새같이 회오이 회오이 정겨운 공명을 일으키고 장마철을 바위들이 지켜주고, 폭염에도 갈대와 물풀이 빼곡해 텃새로 남은 물오리들을 지켜준다 이웃 홍천강을 봐도 우리 섬강처럼 기기묘묘한 바윗돌이 없다 그래서일까 텃새가 두루미과 매과 이토록 다양하지 않다 가마우지, 황로, 백로, 잿빛 두루미, 멧새 등이 섬강에 밤이 오면 돌마다 앉아 잠을 자고, 아예 청둥오리 떼는 잔잔한 물가에 붙어있듯이 잠을 잔다 소롯길은 몇 시간을 걸어도 지치지 않고 말없이 걸을 수 있게 이끌어준다 물과 바위를 보며 삶의 무게를 덜어내기 시작하면,

 어느새 저녁놀은 산등성이에 능소화 이불을 펼치고 강물에는 주홍 면사포를 떨구어 놓고 긴 인연을 자랑한다, "자랑할 만해" 자랑하는 법도 섬강은 가르친다

 저녁 강 물소리와 노을 자락의 하모니는 이 시각, 섬강의 자식이다 고맙다 섬강, 불행하다는 생각은 저 멀리 흘러가 버리게 한다

 크고 작은 바위들, 한때는 물속에 잠겨 있다가 가뭄에 지칠 때쯤에 밖으로 나와 의연하게 새들을 키운다 거북이도 쉬게 한다 저 바위 백악기에도 존재했을 역사적 존재, 아직도 강물 한가운데 있다는 것은 무궁무진한 일이다

어머니, 벚꽃

산속 응달진 곳에,
사시는 시모님
냉이밭 헤치던 어제가 춥다고 하시더니
청사초롱 드문드문
집 앞에 벚꽃 등불 피워 매달아 놓으셨네

어머니 생일날, 보름달은 구름에 가려
희부염한데,
희디흰 꽃 대궐로 모셔다가 불효를 채우려 했더니
저 꽃들이 느그들 사 온 생크림같이
이쁘구나 하신다

공간을 초월한 눈 속에
꽃잎이 든다 자식들이 자라서 흰 꽃을 피운다

고만고만한
꽃들, 손자 손녀 개나리 진달래
시집간 딸들은 한동안 예쁜 벚꽃이 된다

누구라도 가릴 것 없이
사랑할 수 있는 나이

벚꽃 지는데
저것이 자손들로 보이다니

벚꽃 피우지 못해
붉은 꽃받침이 되지 못한 나의 눈이
구름에 쌓여 뿌옇게 흐려온다

섬강 아침을 읽다

날이 밝았다 햇살이 따뜻해지자
청둥오리가 돌아가고
벚꽃이 지고
그늘 아래 이끼처럼
붉은 철쭉도 다 지고
흰 철쭉만 드문드문 남아있다

흰 너울 몇 점 구름이 되려나
눈시울에 젖어 들고
흰 꽃잎 사이로 서른 해 전 옛길이 열린다
그대와 나의 옷자락이 펄럭인다
물안개는 치솟아 오르고
안개비는 수직으로 강바닥을 뚫어
수천수만 개의 윤슬을 낳고
우리는 손을 잡고, 결혼이라는 성채를 약속했지
번뜩이는 빗줄기 속에
강은 빛나는 바위를 품은 채
작은 가슴에 꽃을 피우고
물소리를 흔들고,

이 고장에서 처음으로 만난 이 장소
내 가슴에 첫사랑이 되어
은하수로 흐르는 사랑의 길이 되었구나

지금은,
노랗게 융단을 깔아 놓던 추운 날의
청둥오리 떼도 떠나고
이 아침, 저 물자국도
그 옛날 창호에 어린
불빛으로 흐르고 있구나

원주천(川) 언덕바지 벚꽃

몇 시절 몇 날 잿빛이다
하늘은 우릉 쾅
밤새도록 천둥 친다
쩌렁쩌렁
창문에 금이 간다
실핏줄 터지는 소리
걱정스러운 하늘가 봄볕,
어젯밤 키 작은 벚꽃 한 그루에
둥지를 튼다
개울둑 위에
동그마니 앉은 흰 새같이
늦게 태어나 홀로 선 늦둥이
친구의 사생아같이
온 힘 다해 한없이 피운 가로등 밑
그 마음일랑 아랑곳없는 쌍다리,
세찬 비바람에 마구 떨어지네
하나도 없겠네
붙잡아 줄 수도 방어벽을 칠 수도 없는
물결은,
잠들 수 없어 아픈 눈만 비벼댄다

하지만, 사랑이란 말인가

다정하던 그녀가 봄이 오자 감기 걸렸다며 만나주질 않네요
서둘러 피는 봄꽃은 밤낮의 경계가 없다
바람난 살구꽃은 감기가 두렵지 않고
사랑은, 오뉴월에도 감기를 쿨럭이는 것
노상 감기를 달고 다니는 것
나중에는 뭐 감기 같은 것 우습게 아는 것
"너희가 뭘 알아 다 껍질 삶이고
이것만이 알맹이"라고 주절거리고
그리고
말 많던 자가 새침 떨며
침묵으로 일관하는 것
살구꽃, 명자꽃, 유다꽃 이파리 하나 없이
꽃 진 자리마다
푸른 열매를 매달고…
살구는 어느 비바람 부는 날 다 떨어지고,
계절을 잘 잃어버리는 것이란 말인가

접시꽃 닮은 당신, 데레사
— 박순남 시인께

긴 펜스와 보도블록 경계선 따라 접시꽃이 피어 있다
연분홍, 하양, 빨강 키도 늘씬하게 줄줄이 차례를 지키며 매달려 있다
그 길 따라가면 서도1차 1001호에 당신이 살고, 그곳엔 비비추 보랏빛과 이십여 살 넘은 라일락 나무가 10층 아래까지 솟아있고, 가끔씩 당신의 베란다에서 내다보는 전경은 영화의 한 장면이다 눈높이에서 횡성 전광판이 돌아가며 소식 전하고 시계탑, 보건소 지붕, 시외버스터미널도 훤히 들어오고, 교통 요새라 그런지 당신의 집엔 손님이 끊이지 않고 늘 풍요롭다

당신은 88세의 시인, 방 벽 사면에는 대형족자에 시화가 눈길을 끈다
기도방에는 타자의 이름이 적힌 쪽지가 기도를 기다리고 있다
언제였던가, 접시꽃 사태를 만났다 형형색색 커피잔 받침에 올라앉은 커피잔들, 당신은 누구에게나 정성을 다해 커피를 탑니다 젊은 우리가 손사래 치며 거절해도 한사코 잔 위에 꽃을 올려놓듯이 차가 사르르, 설거지라도 할라치면 또 한 번 만류를, 노령에도 흐트러짐 없는 인간 사랑, 때론 하얗게 삶아내는 흰 행주의 도열에 눈이 부셨다
시를 밤을 새워 쓰고, 청바지를 뜯어 주머니 가방을 만들고,

손수 공예 귀걸이 목걸이를 만들고, 접시꽃 같은 당신은
온갖 선물로 세상을 사는 예술가

  접시꽃 사잇길로 당신 얼굴이 환하게 피어오릅니다 삶이
시가 되고, 시가 당신이 되는 접시꽃 길이 환히 웃고 있
습니다

낙산 바닷가에서
― 파도가 꽃으로 몰려오다

낙산 바닷가 모래톱에서 은빛 갈매기 춤을 본다
돌산 방파제에 홀로 앉아 꽃처럼 하얗게 부서지는 물보라를 본다
산화하는 무수한 꽃 이파리 밀려온다
깊은 심연을 넘어 또다시 밀려온다
차르르 차르르 모래를 밀며 또 되돌아오는 그리움,
병고 속에서 고통을 초월하는 그가 흰 포말을 바다라고 부르게 한다
가고 오는 흰 포말은 언제나 괴로움을 이기는 그대 같은 바다이기에
차가운 바닷속을 자유자재로 잠수하는 은빛 갈매기처럼
당신을 만나기 위해 열두 개의 터널을 뚫고 굽이굽이 길을
너머 바다에 이르니,
끊임없이 파도는 밀려오고 은빛 갈매기는 허공을 나르고
은빛 파도는
꽃으로 피어 하늘을 오른다

산수유 열매는

그 나무 텃새는, 열매를 내려다보고,
산수유 붉은 열매는 가볍게 아래로 자꾸자꾸 내려간다
늦가을 눈부시다

꽃도 잎도 다 떠난 벚나무는 그림자만 길게 드리우고
어둠처럼 검게 서 있고

저녁 해는 교각 아래로 노을을 끌어내리는지 가드레일 밖,
언덕에 늘어선 산수유 열매마다 홍안으로 붉게 빛난다
나뭇가지들은 붉은 잎새를 떨구고
열매만 오종종 붙들고 있다

작은 새 한 마리 키 큰 산수유나무에 앉아
나를 부르는 소리
고요한 호반 여울목 도는 모습에 취해
산수유 뿌리 간지럽겠다 싶어
어깨가 굼실굼실해지는데,
산골짝에서 내려온 한 떼의 등산객들
산수유 나뭇가지에 손을 비벼댄다
가지를 훑어 내리는 부부
종이봉지가 터질 듯 붉어진다

붉은 홍보석을 만지던 바람의 정성까지 압축시켜 주전자가 끓어오르면
　김이 구부러지는 길이 어디인지, 맨발의 새에게 묻고 싶었다

　잘 익은 열매에도 연연해하지 않는 저 새여
　날개 없는 나는,
　한 발 내딛는 것은 두렵다

　맴을 도는 깊은 여울목에
　저만치 언덕 아래로
　떨어지는 붉은 열매,
　텃새는 열매를 내려다보고
　산수유는 아래로 자꾸자꾸 내려간다

샛길

가끔씩 고속도로 아랫길 좁은 길을
회색빛 마음으로 천천히 들어선다
묵정밭 사이로 뚫린 그곳 숨을 고른다

개망초 엉겅퀴 싸리꽃 키를 낮추며
천둥보다 빠르게 매연을 뿜어 대는
순식간 천변만화를 거기서 바라본다

일부러 에돌아 접어드는 샛길엔
꽃잎마다 거미줄 이슬방울 총총히
헤매다 느림 속으로 자주 끌려간다

흰 구름이 떨어지는 사계절

한낮엔 높이 떠서 통증을 몰랐다네
푸른 들 수런대고 새들이 모여 앉자
허공이 손사래 치며 보슬비로 떨어져요

라일락 언어들이 해바라기 깨우자
몸통을 해맞이로 머리를 숙여 대자
열기가 소낙비 되어 나팔꽃 피어나요

병든 그대 지킬 수 없는 맘 안타까워
애처로운 허수아비 탈진한 허깨비춤
심장은 핏줄이 터져 단풍으로 내려와요

몸 얼어 통곡하다 빙판길 넘어지자
야삼경 아픈 맘 부여잡는 걸음마
구름도 폭설로 덮여 엎드려서 기도해요

자귀나무

누워서 보면,
자귀나무꽃이 지붕보다 높다
밤마다 자귀자귀 운다
어머니가 저녁 쌀을 안치고
그 옆에서 윙윙대는 왕벌들
왕벌을 바라본다
손을 들어 쫓으려는데,
툇마루에서 울타리 강낭콩 까던 할머니
아서라 동틀 때까정 한곳을 파니라
기특한 것들 한 냄새 끝나야 딴 곳을 찾으니
질서가 있는 기라 다 제 색깔 지키니라
노을은 다홍 빛살을 부채살마냥 자귀나무에 얹힌다
이보다 붉은 꽃살이 어데 있을꼬
마냥 솔가지 불 때며 바라보는 어머니
사랑이 벌 나비처럼 자귀꽃속으로
불타고 있는 관솔불처럼
자귀자귀 속에 달라붙는다

벚꽃가루

오늘 벚꽃가루를 털어버렸다
아주 오래 손수건에 쌓아 왔던
흰 꽃가루, 시멘트 횟가루 되어
털어버린다
폭풍우가 내리지 않는
장밋빛 유월에 펄럭펄럭 허공으로
먼지로 보낸다
벚꽃도, 세월도, 나도 티끌이 된다
왜 이리 가벼울까

제4부

꽃들의 생각과 감정

삼색의 코스모스 모여 있다

해거름, 노을 아래 섬강은 의젓하게 흐른다
여름의 열기를 부여잡고
잔영에 코스모스 바람결에 삼색을 태운다
빗금을 치는 햇빛은 여백을 채워
행간마다 보이지 않는 모든 색을 연출한다
그대는 없다 꿈꾸는 자도 없다 다 없다
다함 없는 빈 것들이 줄기를
가슴팍 심지처럼 채우고 말라가면서도, 하얗게, 분홍으로, 빨갛게 남았다
첫날, 빨갛게 만나 핏빛 노을도 삼켰다
삶의 사냥터도 잊고
산마루에 노을도 코스모스가 되어
붉은 달을 낳았다 시간의 무늬도 빨간 꿈이 되었다
두 번째 분홍색 피웠다
새벽과 접이되어 그리움이 피고 지고 또 피고
셋째 날, 하얗게 피웠다 꿈이
휘발되어 날아간다
이즈음 물길을 바라보고 또 바라보고
강물은 톱니바퀴를 시간으로 돌리며
꽃잎들을 받아주고 있다
꽃잎들이 하얗게 흘러간다

강물과 코스모스의 어울림은
바람결에 무반주 첼로의 문간방 선율
더 이상 꿈꾸지 않으려는 몸부림이다

백지 한 장 태우는 것은

백지 한 장 가득
가시만을 골라
엉겅퀴 같은 관을 만든다

단발머리 학창 시절
그녀는 늘 내게 가시가 되었다

사십 년 나를 향해
날아온 가시
오늘 그 미운 가시

꽃잎처럼 가득히 모아
한 장 소지로 올린다

불빛 속에 타오르는
가시 연기는
동구라니 찔레 꽃잎으로 날아간다

그 꽃잎
키 큰 장미대궁에 날아와 앉아
노란 장미꽃으로 벙근다
장미꽃 속에서 피어오르는 가시
솟구치는 숨결이 된다

비 개인 후

벚나무 이파리 아래 서 있다

무수한 물방울, 투명한 길을 열어놓고 있어

터질 것 같은 얼굴이 있어

이파리 끝에 옮겨 앉은

무지개다리 휘청거리고 있어

그대가 남긴 문자

무거운 물집,

허기로 매달려 있어

송전탑

그리움이 매화로 피고 지더니
벚꽃은 벌써 피고 있다는데
진달래 피면
온다 하던 약속은 잊으셨나요
일 년 이 년 삼 년
당신은 꽃소식을 아는지 모르는지
그리움을 잘도 견디는 당신
나는 참을 수 없어 앞산 마루 송전탑에 오릅니다
갈래갈래 전선줄에 그리움을 달아 놓고
두 손을 벌리고 서서
바람도 모으고
햇볕도 붙들어
내 기다림을 실어 전송합니다
뜨거운 마음으로 기별을 기다리면서
마냥 송전탑으로 서 있고 싶어요
짙은 한밤중에라도 당신이 내려올지 모르니까요

상고대 꽃

정월 보름, 새하얀 눈발 서슴서슴 내린다
오랜만에
아주 애린 것이
얼음을 주저주저 덮은 하얀 강가
눈꽃 천지 하얀 동산은
나뭇가지 사이 상고대 꽃눈의 해후
눈보라가 잊은,
눈 녹은 설화를 피우는 것은,
무명치마 펼쳐진 벌판 한가운데
가로등이 발화를 잊은
눈꽃의 몸짓
태초의 아담과 하와의 원시의 곳간,
끝내는 눈물이
꽃이 되는 시점

온고이지신(溫故而知新)으로 하나 되기

봉황의 전설이 숨어 있는 봉복산,
그 돼지 샘에서 흘러내리는
계곡의 물줄기,
마르지 않는 샘물이 굽이굽이 흘러내려
섬강을 이루었다
은하수 나래를 펴며 250여 리를 흘러가
남한강과 만나기까지
마침내 한강과 한 줄기 되기까지
얼마나 많은
꿈과 희망, 애환을 실어 날랐을까
물방울이 모여 골짜기 물이 되고
계곡물이 다시 샛강이 되고
샛강이 모여 마침내 이루어진,
아름다운 섬강, 저 풍요로운 강물은
화합과 협동으로 '하나 된 횡성, 도약하는 횡성'의 모습이다
이제 감격스러운 한우 축제 14번째를,
펼치는, 역사적인 시점에 서 있노니,
지금으로부터 360여 년 전 조선 효종 때
어진 현감, 구일 원님이 떠오른다
그는, 횡성 앞뜰이 드넓고,
앞내, 뒷내 풍족한 물이 흐르건만
농토는 갈대밭이나 다름없어,

늘 노심초사하다 꿈을 꾼다
꿈의 지시대로 현민 들과 힘을 모아,
보를 막고 수로를 만드는 대역사 끝에,
한 치의 오차도 없이,
횡성 앞뜰을 가뭄과 수해 걱정이 없는 옥토로 바꿔놓았다
옥토로 만든 사람들은 어떤 사람이었을까
밤낮으로 백성을 걱정한 선각자와 내 고장을 사랑하는
군민들이 하나 되어 가난을 극복하고 경제를 살려
황무지를 낙원으로 바꿔놓을 수 있었다
우리는 옛적부터 현명하여,
단결하고 협동하는 정신으로 부자 되는 횡성 행복한 횡성
영원히 구축하며. 행복해야 할 터전을 일군다 일류 횡성을 향하여
장엄한 한우 축제의 문을 연다

버찌가 익어 가는 길
— 들썩거리는 여물리 개울가

벚나무 늘어선 길로 빠지직 타는 듯한 머리가 간다
생각이 묻은 발자국 따라간다

6월의 길바닥, 까만 그림자에 멈추고, 허공에 매달린 무수한 빨간 눈빛에
울컥거려 눈시울 무겁다

하마, 저토록 보답하는 열매가 고마워
골똘히 그려지는, 꽃 핀 자리마다 맺힌 완결성

바람이 잡아줄수록 버찌는 자꾸자꾸 떨어지고 그 아래
강물은 그 그림자를 아랑곳하지 않는데

가까이서 들려오는 테니스장 함성에 한갓진
길은 버찌로 물들어 가고 뜨거운 열기에도
멈추지 않는 레슨
나는 자꾸 목젖이 내려앉고

연둣빛 공의 상처가 함성으로 높아갈수록
덩달아 버찌가 빨갛게 익어가는 개울가 여름

들고 뛰며
망막을 채우는 사람
차마, 그 은혜에 부합하지
못해
물끄러미 서 있다 벚나무 그늘에

삼월 첫날

바라던 바가 거꾸로 망가졌을 때
겨울 내내 눈비가 녹은 섞임물 흐르는 바다로 간다
차갑게 포효하는 바다, 젖은 모래밭
큰 팔 벌리고 뛰어본다 원융함으로 풀어줄까
된 마파바람 가르며 날뛰고 있는 너울성 파도와
그 위를 뚫고 오르는 갈매기 부리에 시선을 매달고
하얀 날갯짓에 새 희망을 걸어본다
무엇인가 다시 해보라고 바다가 외친다
'남이 나를 알아주지 않는다고 걱정하지 말고
내가 남을 알아주지 않는 것을 걱정하라'*는
그 격언을 되새기라며,
샅샅이 젖은 서걱대는 모래밭을 이리 뛰고 저리 뛰고
시나브로 실패를 다 잊은 듯
파도에 부서지는 모래알을
다시 바다가 끌어가는 탄력을 웃어주는 삼월 첫날

* 논어 「학이」편에 나오는 공자의 말씀 인용.

다음, 장미는 피어난다

대성 장례예식장 뒷길
효도요양원 앞문, 뒷문, 울타리 온통
새빨간 장미 덩굴로 활활
열꽃이 피어오른다
한 노인이 휠체어에 앉은 채
손을 뻗어 꺾으려 하다 멈칫
손에 힘주어 꽃줄기를 구부리려다 멈칫
그래, 깊게, 환하게 숨을 들이마시며
다음날을 기약하듯 고개를 끄덕입니다
생기롭게 장미 넝쿨에 벌떼가 내일을 위해 왁자합니다

묵정밭의 슬픔
—시를 못 쓰는 날

주인의 손길을 기다리는 묵정밭
바람과 햇볕의 안부에 무성해지는 풀
풀밭에 윤기가 흐르는 시들이 무장무장 자란다
내 시가 그랬으면 얼마나 좋을까

그동안의 외유로
언어의 싹을 파종하지 못했다
긴 세월 무엇을 봤단 말인가 진땀이 흐른다
망종을 하루 앞둔 유월 초나흘
목이 깔깔하다 사막 같다
머릿속은 잡념만 무성하고 펼쳐놓기가 무섭구나

호미랑, 곡괭이랑 삽을 동원하여 일단, 넋두리를
걷어내야 되겠다 '시란 감정의 해방이 아니라 감정으로부터
탈출'이라는 엘리엇의 철퇴를 내 정수리에 내리쳐야겠다. 우선
자연인도 될 수 없는 폴더에 쌓인 잡초를 뽑고
몸부림부터 쳐 보리, 시여! 시여! 탈출을,

물무늬 여자

  지상에 펼쳐진 공책
  자음 모음이 열과 행을 맞춰 늘어섰다
  공책 갈피갈피 하늬바람이 넘겨주고 따라다니며
  종일토록 쉼표 마침표 찍어주던 태양이 앞산
  골짜기 뒷장에 연필을 던지면,
  책상에서 연필을 들고 시첩이나 뒤적이며
  행간을 메꿔 가는 일이 함정에 빠져 허우적대는 것처럼
  어렵다고 주억거리던 그녀는 손바닥을 본다
  눈물처럼 젖어 있다 무쇠처럼 무거워지는 연필을 내던지고
  희부염한 시간의 봄 늦은 저녁
  파란 물을 양손에 거머쥔 채 그녀는
  숱한 사연을 뿌린다 수직으로 진주꽃 같은 설봉화 눈물로 수를 놓는다
  방울방울 떨어지는 온점들, 배추 싹, 근대, 아욱, 상추, 겨자채, 부추
  모조리 느낌표로 쏙쏙 행간을 채운다, 곧은 문장이 탄생된다
  머지않아 글자가 빼곡히 살과 피가 되어줄까
  직사각형 노트가 책 한 권으로 탄생되는 내일이 보이고
  식탁이라는 표지를 매달고 진초록 여자가 탄생된다

얼음강 위엔 새 발자국밖에 없다

저 얼음 위를 자박자박 가로지르다가
어찌하여 에돌아서 이편 끝 언덕을 향해 올랐을까
새 둥지를 찾아갔을까

빈 둥지에
따스한 가슴털 몇 개 놓여 있는데
옹기종기 깃털들 모여 추억을 헤는 걸까
아무도 없는 호수 위를
헤매고 다닌 발자국,

새가 되고 싶다 둥지쯤은 뒤에 두고
그리움 찾아가는 나그네새가 되고 싶다
갈대밭에서 쉬기도 하고
얼음강 탐사하듯 매만지며 영원을 향한
비상을 꿈꾸는 새가 되고 싶다
차가운 얼음 위를 걷는 빨간 발바닥으로
얼어버린 사랑을 녹여내며 걸어 나간,
얼음강 위엔 새 발자국밖에 없다

섬강 백로의 시선

내 속의 그리움이 허망해질 때 섬강 곁으로 가면,
비가 씻겨주고 떠난 자리에
해거름 다가서는데
백로가 물 위에 머물던 고요, 그 자세로
은빛 바위 등에 서 있다 그 바위 턱에 애기
백로가 기어오른다
갑자기 긴 목을 빼고 어미가 날개를 턴다
물보라에 새끼가 바위 아래로 떨어진다
또 기어오르고 또 물보라가 파닥이고
너는 동, 나는 서, 손잡지 못하게 독립심을 키우는
그 자리, 그 너럭바위 앞에 서서 바라보는데
큰 바위 통째로 다 적시네

일순,
허망하게 하늘 가신 어머니가 내려앉는다
생전에 늘 새가 되고 싶다던 그 눈길, 하늘가를
돌더니 하얀 새로 허허로운 염원 이루셨나
아, 그럼. 멀리 가시지
나의 시야에서 냉정함을 가르치시네
고독의 힘을 날갯짓으로 훈육하시네
(고독하게 혼자 가라고…)

왜, 외롭고 목이 긴 새만 보면
어머니 새로이 오신 것 같아 가슴이 쓰려 올까

내 기도의 변천사

1.
젊은 날에는
사랑에 영원성을 붙여
사랑을 기도하였습니다
그러다가 마음을 다치고
깊은 밤 혼자 일어나 칼을 만들었습니다
푸른 달빛에 비수를 담고
정화수를 치웠습니다

2.
외로워 다시 바꿨습니다
마음 한복판에 '추억'을 쓰고
그 글자 되새김질하며
지나가는 바람이 흔들어 떨어뜨릴 때까지
칼은 먼 별빛에 걸어 놓았습니다

3.
얼마 전, 꽃잎을 찾았습니다
칼집은 별빛입니다 달빛입니다
사랑은 영원이 없는 것을 모르면
증오를 낳기에 말을 삼갑니다
기도는 소중, 감사, 존경 세 마디를

칼로 내리치듯이
찰나에 내뱉어도 된다고 합니다
칼끝에서 한 달도 못 되어
그들은 반짝이는 별빛이 되고 날개를 달고 들판을 달립니다
앙가슴이 어린애 눈빛을 배우려고
이슬 담은 풀꽃을 바라봅니다

4.
지금은 분노를 뼛속에 넣어두었습니다
아직은 분노가 나의 힘이기에,
잠재우지 못하여
책상 위에는 '개성個性'이라 쓰고
밖으로 나갈 때는 다급하여
기도를 외치고 나갑니다
그러구러 칼은 기도로 변신을 합니다
어느새 그리워 하늘 틈이 열립니다

빈집에 뜨는 달

초사흘 달은 우물 속에 돌칼처럼 누워 있다

마을 어귀에는 구새먹은 느티나무 아래
우물이 동그랗게 놓여 있고
너럭바위가 이정표로 누워 있는 언덕을 오르면
무너지지 말라고 검은 그늘막을 뒤집어쓴
빈집, 초승달 곁눈질로 들여다보는
아궁이 속에 배암 두 마리 서로 엉켜 있을 것만 같은
산속의 기와집
지붕 위로 늙은 반시감이 까만 젖꼭지로 남아
하늘을 향해 젖을 물리고
수백 개 감꽃을 피워낸 업으로 빈 뜰에서도
갖은 멧새들에게 보시를 한다
어느덧 나도 한 마리 새가 되어
늙은 감나무에게 매달리는 밤
겨울 눈, 봄눈 쌓이고 싸여 빙판이 된 빈 마당,
자동차 아랫도리도 함께 얼어 꼼짝도 못 하는 하룻밤
원시인이 되고 싶은,
파르스름한 초승의 밤
산마루에 걸려있는 시간이 정지될 것만 같은
총총한 별무리 손에 닿을 듯
적연(寂然)하다

달조차 이울었지만, 태고의 소리 그리워
샘물을 한 이백 년 모으면
솔 향기 고인 우물을 이룰 수 있을까
내 안의 모든 생각 달 속에 빠지고
밤새도록 전생을 두레박으로 길어 올려야 할 것인지, 하마
수레바퀴를 돌리다가
인과의 샘물 속에 푹 빠진 날

제5부
슬픔의 모습

상사화

그대 향한
그리움을 꺾을 수 없어, 눈바람 속에서도 퍼런 칼잎 키우더니
유월에 제초제 맞은 것처럼 사그라졌습니다
죽었어도 천상에 이르지 못하여
찬바람 속 가을 하늘 불화산으로 다시 솟았습니다
꽃잎마다 오글오글 타들어 가는 모습으로
수술만을 더듬이로 세우고
열매도 키울 수 없는, 붉디붉은
짝사랑 고귀하게 뿌려놓았습니다
떠난 다음부터 간절해지는 사랑
바라보는 그대여!
죽음, 그 너머 이르기까지
어느 것에도 기대지 않은 나의 고독한 언어
솟구쳐 타들어 가는
붉은 눈물꽃 사랑

그곳의 마침표

법흥사 가는 길 접어두고,
요선암 고샅길 들어선다
적송의 향기 동그랗게 공 굴려진 동산,
맑은 계곡의 흰 자갈들
물길이 산을 어루만지며 휘돌아나가는 합수머리,
여울목이 시간의 바퀴를 돌리고 있다
바큇살을 붙들고 오르는 그 길은
숱한 솔방울이 시간을 채워 넣고
연화대 위에 널브러져 있는데,
마애여래불 옷자락에 얼핏 겹쳐지는 그대 얼굴
굴대의 축이 되어 돌고
나는 바큇살의 회전에 흔들리며 돌고 있다
연화대 너른 등받이에 앉아,
기쁨이 클수록 슬픔이 왜 큰 것인지 답을 찾는다
그대도 없이 나도 없이 기쁨이, 슬픔이 존재하는가 묻는다
마애불은 말없이 절벽 아래로 시선을 보내어 답한다
채워진 것과 비워진 것의 행복과 불행은
누가 결정하는가
저 아래 누워 있는 하얀 바위들 틈 틈마다,
아하!
쉼표, 마침표, 보이고
느낌표마저 분절된 마침표로 보여,

수수만년 살고 죽고 법륜을 굴린 바위로 내려서는데,
기쁨과 슬픔을 함께 음각하여 새겨 놓고
춤을 추는 영겁의 물길이 잠시 멎는 마침표를
여기저기 계속하여 찍어대고 있다

위태로운 봄눈

들판의 개나리 눈을 뜨는 삼월의 끝머리에서
비늘구름의 후예가 내린다
간신히 뿌려놓은 씨앗들
새가 쪼아 먹고 난 뒤, 이제 마지막 몸부림치는데,

먼 들판에서 걸려 온 아들의 전화는 눈물샘이다
혼자서 밤낮없이 휴일에도 서류 더미와 싸웠건만
새싹을 뿌려 주었건만 부채질을 당했어요, 날
스카우트한 것은 교언영색이었어요

빈 뜰에 밤새도록 비웃음만 매달은 구름이 조작해 낸
수천수만 하얀 바늘이 쏟아져 내리네요
겉보기와 달랐어요 순 얼음강판이었어
겨우내 참았던 마늘쪽이 몸부림친다
아웃당하는 아욱, 배추, 비트, 산마늘까지도
맥락도 없이 찬 세례를 받는다
숨은 숨겨진 이유가 있는 것일까

귀만 열고 속앓이만 하는 난, 눈물처럼 내리는
삼월의 창밖을 보네
들고 있는 폰에는 산골에 핀 진달래가
쏙쏙 올라오고 있는데
아들의 챗봇 창에는 무엇이 피어날 수 있을까

작약(芍藥)의 고향

 그리고, '철학은 고향으로 돌아가는 것'이라고, 하이데거는 노래했다 그래서인가 사람들은
 고향이 어디인가를 줄곧 묻는다

 작약, 오십여 뿌리를 받아와서 얼굴인 양 대문 치듯 울타리로 심었다 그것은 마른 흙이 싫어선지 내내, 지지부진 웃는 듯 우는 듯하다가 곧바로 꽃잎 떨구고 지난여름 내내 밭둑으로 후두둑 후두둑 굴러가고, 외로운 홀아비 죽은 아내 추억하듯 만날 힘 빠져 밤이 가고 낮이 가고 막내딸 뇌장애 진단받은 듯 희끄므레 물색 빠진 그 모양으로 세월을 보냈다 떨어져 쌓인 꽃잎은 붉은 것이 확실하여 붙들고 햇볕에 비춰보며 고향이 어디일까 짐작해보려 했다 장애의 고향 노심초사하다가 아픔 되어 미워졌었다 실바람 불어오는 사월부터 봉오리가 빨갛게 피어나더니 알사탕같이 탱탱하고 향기도 새어 나오고 개미떼 진딧물 모여들어 곤충퇴치법까지 탐구케 하여 꽃을 가까이서 보았는데
 드디어 오 년여 흘러 꽃은 본질을 태초의 모습인 듯, 한 송이 서너 송이 마구마구 피워냈다
 만족을 멈출 수 없다는 듯, 참지 않겠다는 듯, 붉은 융단으로 집 전체가 환해졌다 멀리서도 흰 꽃잎은 눈 덮인 탑처럼 남실거렸다

뜨거운 오월의 끝자락, 뻐꾸기 울음이 골마다 흐르고 논밭은 묘와 싹들로 파랗고

온 세상은 벌떼처럼 웅웅거려도, 우리 작약의 뿌리는 수년이 흘러서야 고향을 찾은 걸까

태어난 곳으로 가려는 듯 병든 작약은 지지부지 고름을 흘리며 오므라들기만 했던 것인데,

모두 이 작약은 어디서 온 것입니까 물어보곤 했었는데, 고향은 딴 곳에 있는 것이 아니다

현존재를 찾기만 하면 되는 것일까 지금 여기 활착하는 뿌리에 고향은 피어나는 것이리

칠자화

식목일 날, 분명히
일곱 행복이 핀다기에,
얼른 내 것으로 하고파 땅속 깊이 심었다

일곱 살배기 칠자화 몸통은 벗겨진 배롱나무 같고
진초록 이파리는 산수유 같기도 생강나무 같기도 한 너

내 꿈을 가지마다 걸고 싶은 너

흰빛인지 달걀색인지 잘 모르겠는
연한 꽃을 늦봄 언저리 땡볕 아래 드문드문 배시시
일주일 후엔 노란 얼굴 되고 또 몇 밤 뒤엔
분홍빛으로 비실비실 피우던 너
장마철에 다 떨어내고 온새미로
시퍼렇고 쭈글쭈글한 잎들만 무성한 너

그래, 장대비 속엔 꽃은 숨기고 장마철 지나면 찬란한 가을
보랏빛 피우려나 웃어본다
넌 날카로운 의지와 존재자로서 당당해
잎이 크고 꽃은 자잘해 안타까운 것도 순리라 여기지만,

네게 쏟은 나의 정념을 너는 아는 듯이
바람결에 잎새들 열정은 마찰음을 토하면서도
온 세상이 황금빛 가을이 깊어가도
숨겨 놓은 꽃들은 나타나질 않는구나

배신에 익숙한 나는 자연의 구조조차 배신으로
이것도 배신인가, 나를 불편하게 해주는 듯하니
하여간 혹한의 겨울,
줄기조차 구새 먹은 나목이 되어
벌거숭이 될 너를
상상한다

비행기 밖 춤추는 구름

한반도 벗어나는 비행기 밖 창문 아래
창문에 바짝 붙어 구름을 본다
온통 무명천 하얀 수건 뒤집어쓴 허공 뜰
희수도 못 넘기고 가신 자리
저 허공 구름바다에 어머니,
수만 장의 젖은 수건 흔드시네
흰 머릿수건을 버선발로 툭툭 치시네
평생을 일만 하신 어머니 구름 위에 살고 계셨네
춤을 춰, 허무한 저 허공이 좋으신가
여행 한번 시켜드리지 못한 게 가슴을 찌르는데
두 눈을 감으니 더 춤을 추시네
눈 뜨라고 춤을 추시네

지상에 가까울수록 안개 끼고 비가 오네

동쪽 날개 마구 떨고 텅텅 소리 이마 깨질 듯
귀 붙들고 눈감아도 빗줄기 창문 때린다
지상은 안개와 검은 구름, 천 길 낭떠러지
내 눈에선 자꾸 구름더미가 손 흔들고
빗줄기 흐르고 천명음 찢어지는 소리에
나는 검은 어둠의 싱크홀로 떨어지고 있네
그 누구도 이 어둠의 깊이를 짐작할 수 없네
어머니는 아실까

빈집

무거운 돌 사이에 파란 원추리가 돋아난다
오죽(烏竹) 이파리 누렇게 퇴색되어 떨어진다

개도 짖지 않고

까치도 시꺼먼 대추나무 가지에 앉아

입을 다물고 그냥 앉아 있다

배달 빨래방에서

　근심, 걱정, 아집, 불안 뒤엉켜 돌아가는구나
　블랙홀로 빨려 들어가는 것인가
　위성처럼 뒤엉켜 돌아가는 채, 밖을
　향해 불탄다 55°의 온도에서 근심이 털어지고
　불안이 씻긴다
　창밖에 항성처럼 서 있는데도 머리가 어지럽구나, 사색의 시간을 갖고 싶어
　한자리에서 불리고 터트리고 해결하려고 왔는데 큰 통에서 미친 듯이
　돌아가는 색색의 형체가 젖어 가며 말라 가며
　지옥 춤을 추는구나

　유성에 손을 대다 멈칫했다
　이토록 뜨겁게 돌아갈 줄이야 낱낱의 감정이 낱낱이 55°씩 품고
　엉켜 돌아가니 천도 부근에서 말라가는구나 검은 홀에서 물과 온도가
　방출되고 빠져나올 때는 알 수 없는 화이트홀을 통과하여 말끔해지는가
　내 너겁들은
　저 거울 앞에서 한바탕 부딪치는 나방이 되었다가
　맹렬히 잘 놀다 가라는 것을 느끼다가 이윽고 내닫는

열풍에 움찔하다가
　한 올 한 올 만지다 정전기에 찔린다
　놀라 장갑을 끼고 감정의 찌꺼기를 흔들고 착착
　접어서 선물처럼 수납한다

　먼 길 걸어온 한 나그네가 있다면, 침낭도, 운동화도,
옷도
　고삐를 풀어놓듯 고단한 삶을 한자리에서 휘돌리면
　바람이 없어도 구름이 강물처럼 풀리고, 별구경 하듯
　소풍 나온 듯 새 옷 입고 어두워져 가는
　저녁도 즐거울지도

먼, 먼 이별

검은 노을이 솔숲 사이로 잠기어들 때
봉분처럼 가파른 산길을 빈 지게를 지고
내려오시던 아버지

어머니 돌아가시자 산소에서 시묘살이 하시겠다고
자식들이 벽창호 같으니 손수,
한 장 한 장 기왓장을 나르고 나무를 자르고
어두워져서야 산에서 내려오시던 아버지

비로소 다 되었다며 집에 있는 꽃을 옮기시는데
유난히 어머니가 연분홍 상사화를 좋아하셨다며
포크레인 쇼바 속에 상사화 구근을 가득 담아
무덤가에 돌아가며 심으셨는데

음력 이월 스무나흘 대낮, 상사화 구근에 연둣빛 촉이 붙은 것을
애련히 심으셨다는데, 하마
발바닥이 검은 솔숲을 무서워할 때야 일어나셔서
허정허정 내려오셨을 텐데
상사화를 옮겨 심은 날, 애린 싹을 언 땅에 심고 다독였을 손마디
마디를 무덤은 기억하고 있을 때

손가락의 온기가 아직 축축할 텐데
　아버지, 어머니 곁으로 가셨다
　어둠이 밀어낼 때까지 무덤을 못 떠나고 겨우 내려오시다가
　취객의 헛둘은 운전에 길에서 운명하신 아버지
　어머니 가신 지 1년 안에 떠나시다니, 장자는 삶은 종기요 죽음은 종기가 터진 것이라 하였다*는데 아내를 왜 따라가셨는지
　죽음은 천하에 갈무리해 두는 것이라 하였는데 아버지는 왜 더 오래
　연장하지 못하였단 말인가

　육친이 다 떠나시며 지붕과 기둥이 무너지고 불바다가 너울너울
　집안을 뒤덮었는데 남은 자식들은 상사화 되어 하나가 오면, 하나가 나가고 서로서로 만나지 못한다네 그것이 아버지 유언이셨는지
　제삿날에도 무덤에서도…
　지금이라도 다시 상사화, 꽃무릇 심을까
　피어나는 꽃과 잎이 한 찰나 만날 수 있을까

---

* 장자, 「대종사」, 『내편』 참조.

별의 구조 신호

밤하늘을 가로지르는 별똥별 행진을 본다

천애(天涯)에서 내려온다는 기별,

양친, 그리움의 실타래가 풀려
북두칠성 수레에 실려
타면서 하얀 신호로 흐르는 걸까

그대가 이름을 부른들
저 북두의 끝자락 잡을 수 있을까
기도로 밤을 새운들
수시로 밀려드는 이별의 경계를
소진시킬 수 있을까

밤마다 별을 우러르는 것은, 별을 지키려는 것이 아니라
빈 가슴은, 하늘 끝과 땅끝은 지평선이 될 수 없다는 생각을
하는 까닭일까

땅끝에 떨어진 운모 조각을 모아서
빗돌 하나 세울 수 있을까

새벽에 이슬 밭을 경행하는 발소리가
별의 냄새를 찾아낼 수는 있는 걸까

북두칠성 볼 수 없는 흐린 날에도
들어오는 구조 신호
고아 같이 외로워져야
우리는 알 수 있을까

천애에서 보내오는 슬픈 구조 신호, 어찌할 힘이 너는 없는 걸까

* 경행 : 걸으면서 하는 참선 기도.

골목길과 종일 할머니

　장터로 간다 열무와 옥수수를 쌓아 놓고 밭고랑처럼 앉아 있는 할머니들, 거북이 등껍질 같은 손들이 앉아 있다
　야채 더미 앞에 웅크리고 앉아 있는 할머니들을 보면 내 소싯적
　우리 할머니와 종일이 할머니가 밭에 앉아 있는 통로가 열린다

　어둑새벽부터 두 할머니는 밭고랑에 앉아 땀을 흘리시며 열무 다듬고 부추 다듬고 하신다 부지런한 산골 사람들도 보통으로 잠들어 있을 시간에 두 분은 머리 맞대고 함지박에 한가득 열무 단을 묶어 쌓아 놓는다 지푸라기로 묶은 열무단은 등에 멜 망태기에도 가득 담겨 있다. 얼른 아침을 드시고 동녘이 벌그스름해지면 벌써 우리 할머니는 대문 밖에서 "잘 다녀오시게" 손을 잡으며 배웅을 했다
　다 저녁 어둠이 깔려야 종일이 할머니는 빈 함지에 망태기를 얹어 허연 접시꽃으로 들어오신다 그제야 저녁을 함께 드시고 뭔 계산을 하는지 방바닥에서 종이돈이 오르락내리락 밀치고 내밀치고 서로 더 갖게 하려고 실랑이를 벌인다 이윽고 할머니가 막걸리를 권해 드리면 서너 잔에 빨간 접시꽃 되어 당신의 그림자를 밟으며 집으로 가신다 그런 일이 봄부터 김장철 초겨울까지 이어

졌다 뜨거운 여름 뜨거운 옥수수는 온종일 찜통이었을 것이다

  어느 날 할머니가 "어디에서 다 팔고 오슈," 물으니, "20리 밖에 있는 탱크부대 군인관사에 좋은 사모님이 다 팔아준다고 하시며 그분이 대장 부인이야 언제든지 못 팔린 거 있으면 다 갖고 오라고 혀" "난 인복이 많은 겨" 하시며 달리아처럼 웃으셨고. "힘들지요", "아니 아니야 난 이 일이 없으면 못 살아" 하셨다

  그런데 그해 한겨울 우리 할머니가 무언가 꿈이 무섭다고 그 댁엘 다녀오라고 하셨다 골목길을 돌고 돌아서 찾아간 종일이 할머니 방은 지붕 끝에 공룡 이빨 같은 고드름이 땅에 닿을 정도였고, 방문을 열자 담요 한 장에 웅크리고 누워 있는 할머니, 방은 냉기에 발이 시렵고 어둠이 꽉 차 있었다 "할머니, 잔칫날이 있다고 오시래요" "못 갈 것 같다"고. 겨우 말씀을, 싸늘한 한기에 나는 얼른 내뺀 것이 지금도 후회가 된다
  그 후 얼마 지나지 않아 돌아가셨고
  우리 할머니는 "종일 할미는 모든 사람에게 복을 주고 복을 받았는데 원수 같은 며느리에겐
  천덕꾸러기 취급을 받았지, 굶어 죽었겠지 불쌍한 양

반" 하시며 늘 되뇌곤 하셨다
  나는 그땐 병원도 몰랐고 경찰서도 모르는 너무 어릴 때였다

  지금도 나는 장터에 가면,
  군인처럼 사열하는 초록 열무단과 열이 펄펄 솟는 옥수수만 보면
  종일 할머니의 시든 열무단 같은 병든 얼굴이 떠올라 눈자위가
  뿌옇게 장막이 쳐진다

태기왕의 비원 1
— 어두워니

먼 옛날, 선조들이 애틋해하던
어두워니를, 그대는 아시나요

그곳은
패전한 태기왕을 도우려고
달려온 군사들이
한망대에서 한탄의 눈물로 제사 지낸 그 자리
날이 어두워져 자고 갔다 해서 어두워니

이토록
강한 마음 슬픔을 이겨내고
패했다는 비보(悲報)속에도
전진했던 우리 횡성 마을 이름들

아마도 그것은,
볍씨를 갖고 온 명철한 왕이 있어
처음으로 벼농사를 지은 화동리, 또는,
성을 쌓았다 하여 횡성이라 했다지요

여기는
서리서리 굽이굽이
태기왕의 전설이
서려 있는
횡성입니다, 그대는 아시나요

태기왕의 비원 2
—기산백운 화동리(禾洞里)

아주 먼 옛날 어느 현인은,
'심장은, 이성이 알지 못하는 비밀을 알고 있다'고 말했지요
바로 이천여 년 전 삼한 시대에,
저 높은 태기산으로 수천 길을 걸어온 진한의 마지막 왕이 있었지요
멀리서는 사나운 눈길로 신라가 쫓아오고
숨어서 요새를 짓는 태기산 근방에는
저항하는 선주민이 많았겠지요
허나, 그들이 감복한 것은,
태기왕은 명철한 왕이어서
피, 조, 수수에 볍씨를 갖고 왔지요
운해에 덮인 화전에 볍씨를 뿌리고
철기 농기구를 만든 유적을 남겼지요. 그들,
스스로 성을 짓고 현명한 왕을 심장으로 도왔을 거예요
4년여 만에 신라군에게 분패했다고 전하오나,
신라는 곳곳에 큰 절을 지었으니,
태기산 기운으로 활기찬 심장 속에 스스로 녹아들었겠지요
벼농사를 지었다는 화동리나,
골짜기마다 줄기차게 흘러내렸다는 쌀뜨물이나
내 유년 시절의 밭벼처럼,

禾洞里 벼농사처럼, 꿋꿋이
 불볕도 이겨내고 대대손손 풍년 드는 곡식 창고가 있었으니,
 이는, 태기왕은 비록 패전한 왕이라 전하오나
 우리들의 심장 속에
 새로운 비전을 꿈꾸게 하는,
 불굴의 기개를
 심어주었나 봐요
 하여, 마침내 우리는
 풍요로운 삶의 터전을 이루었나 봐요

복사꽃 지다

치악산 계곡 고령의 복사꽃 나무
소낙비는 쏟아지는데
곧 부서질 것 같은 가건물 비닐지붕에
착 달라붙은 저 붉은 입술들
안에서 위를 바라보니
비루한 곳을 환하게 장식하고
꽃 이파리마다
살점을 뚝 뚝 떨면서
고목의 뻥 뚫린 복부에도 기어들고
휘감은 다래 가랑이에도 붙었다가
다 썩은 소나무 목덜미에 닿으려고
몸부림치는 몸짓 몸짓들
넘치고 넘쳐서
아래로 아래로
차디찬 계곡물에 허덕이며
날리고 흩어지고 떠내려 나가고, 반짝이기도 하고
모두 다 해체시키고 나면
어떤 눈길이 머무는 것일까
무엇이 남을까
자신이 결코 후회하지 않는
사랑을
시간을 배운다 미움도 사랑으로 받으면
열려지는 것을

제6부
기억의 소실점

포플러의 가슴꽃

어둠 속에서도 은빛 무늬
부빙(浮氷)처럼 일어서고 있다

저 몸에
수많은 시간이 숨어들어
껍질 마디마디 그리움의 무늬
더께더께 쌓이고
바람의 흔적조차
제 몸처럼 사랑하였나
노쇠한 그녀는 가뭄 끝에 핀
참꽃처럼 눈시울이 붉다

왼편 젖가슴을 타고 어깨와 등을 넘어 머리 꼭대기까지
검은 딱지와 진물과 붉은 피 뒤엉겨 대상포진
나이테가 되었어도
막내에 대한 외곬의 사랑
아픔도 물집도 흡수하여
생을 노래하며
가지 끝에 소리를 매달았다

푸릇푸릇 상처의 그늘과 흔적
매만지는 바람, 그 틈새에
마음이 부딪쳐
가슴꽃 하나 새겨 넣는다

이팝꽃이 눈을 적시다

이팝꽃은 어깨뼈,
논밭을 적시는 봄비가 네댓 번 오면 모내기 철이 오고 늦봄, 이팝꽃이 길가에서 논밭을 넘겨다본다
저 허연 이팝꽃은 인공 뼈, 아버지 오른쪽 어깨뼈, 그 뼈는 처음엔 두 가닥 인공 뼈가 4도막이 된 채, 툭 튀어나온 채로 굳어졌다 툭 튀어나와 어그적어그적 자지러지게 아파도 그대로 굳어버려 X-ray 상에서 4마디 되어 하얗게 웃고 있다
뜨거운 5월, 모내기 한창일 때
어깨뼈 골절 수술로 스탠스 두 가닥을 박은 아버지 '괜히 수술받았다 이순신 장군처럼 뼈가 부러져도 수술받지 않고 견뎌 내야 하는 건데, 왜 수술을 받았나 모른다' 후회의 말 하신다
의사가 인공 뼈 넣으며 절대 심한 일 하시면 안 됩니다 명토박이 했건만, 가는 날로부터 또 일을 하셔서 또 두 동강 나셔서 네 동강에 툭 돋아나셨건만, 잘못 찌르면 목숨이 위험하다 하시건만, 여전히 이순신 장군 타령만 하시고는, 입은 꾹 닫으시고, 창밖을 보신다
이팝은 고봉밥으로 일꾼 밥으로 꼭지까지 수북하고,
간혹 비바람에 떨어진 밥알은 똑 그 나무 아래 소복하고,
저 이팝 허연 꽃 아버지 눈물 뼈 꽃,

재수술은 절대 안 하겠다고 하시며 고개를 옆으로 돌리신 채
 흰 눈물을 훔치신다

사랑은 젖어 든다

당신이 수술해도 고통으로 쓰러져도
내 귀는 쏘아 대고 머리는 진통해도
더 이상 어쩔 수 없는 속수무책이거늘

허공에서 하얀 눈 떨어질 때 퍼붓는다
하얀 시트가 펄럭대고 땅 위에 눈발이
쌓인다 안타까움에 같이 쓰러진다

당신의 병 건강한 내게 전이되어
당신은 평안하고 나는 젖은 눈으로
젖으리 발걸음 넘어지는 눈길에 빌고 있거늘

국화 향기

내일모레가 소설(小雪)
달도 별도 얼음처럼 보인다
별 하나가 창공에서 쇄빙선처럼 빠지직 소리를 낸다
이런 밤,
숨바꼭질하던 뒤란 노란 국화 사이로
빈 양자리 속에 들어가 짚방석 뚜껑을 덮고 숨을 죽였지
"못 찾겠다 못 찾겠다" 외치던 술래는 사라지고
주위를 감싼 고요에 잠이 들면
새근새근 숨소리에 어머니 노란 향내 나를 덮쳤지
"아가, 꽃에 취했구나"
노란 국화 한 그릇 밥보다 반가웠지
오늘은 영하의 추위, 두 눈을 감고도 갈 수 있는
초등학교 교정 국화를 찾아 나간다
꽃 밭머리 국화단지
꽃송이만 똑똑 바구니에 담는다
이게 너에 대한 사랑이라고 위로하며,
새삼스레 따슨 꿈을 꾸자고 말하며
맑은 국화주를 마셔 볼까
작은 향낭처럼 국화 베개를 낮게 베어 볼까
그대를 위하여 장독대 그림자 뒤에서 꽃송이 밥을 짓듯이
반달을 벗 삼으며, 엄마 향기에 취하며
노란 국화 수백 송이를 살포시 따보는 행복에 젖는다

해신당

저물녘
바다에 얼비치는 붉은 노을이 파도를 밀어내는
배롱나무 해변 언덕을 오른다
눈도 비도 굴러떨어질 듯이 반질반질
거웃 한 올조차 붙지 않을 몸체
붉은 꽃등을 무수히 달고 수줍게 바다를 내려다보는
둥근 해신을 만난다
저 멀리 섬 가운데 홀로 애태우다 산화한
애랑 낭자의 혼을 위해 무수히 세운 남근상
사이사이, 배롱나무에게 민망한 눈길을 던지며
하산의 걸음을 서두르고
호명소리에 놀라서 난, 배롱나무 가지를 부여잡는데,
그 붉은 꽃 방실방실 무수히 빨간 속옷,
저만치 바다를 향해 흔드는 손짓,
명태 꿰듯 줄줄이 매달아 놓은 조등(弔燈),
꽃과 조우하고 있다
그 옛날, 길길이 날뛰는 파도도
저들 앞에서는 잠들어 고요했으리라

* 해신제 : 애랑 낭자의 원혼을 달래기 위해 정월 대보름과 시월오일(午日)에
남근제를 올린다.

사상누각(沙上樓閣)

얼마나 고독했으면 이렇게 생각할까

사랑한다면 절대 시시비비를 가리지 말자
이것은 고독의 변일 것이다
거짓이 반이라면 진실도 반이겠지 하는 것이
얼마나 고독한 항변인가
아니 그것이 지혜일 것이다
아니 그것이 본질일 것이다
아니 현명한 방편일 것이다

내가 당신을 그렇게 사랑하는데
너도 나를 그렇게 사랑해야 하는 것이다
이렇게 생각해 보면 잠 못 이루는 밤 길어지고,
나만 고독한 것은 아닐 것이다

진실로 내 남편도 내 아들도 내 동생들도
내 친구 하나하나 전부 다들
떠올려 봐도 고독하기 그지없다
설사 지금 이 순간 이 계절 내내
뜨겁게 사랑하는 사람들도 고독은 알 것이다
서로는 각기 다른 인생의 삶을 살아야 하는 것을
알아야 하기 때문일 것이다

비로소 인간은 너무 고독하고 허망한 삶이기에
신을 찾는 것일지도 모른다

아버지의 통곡

과로로 쓰러진 채
눈 한 번 못 뜨고 말았다
76년 죽도록 일만 하던 아내를
갑자기 죽게 만든 건
나라고, 나라고, 통곡한다

보조기에 심장이 찔려
피가 솟구치는지 무섭도록 철철
예수보다 더운 피 강물처럼 흘러서
늦가을 붉은 고추밭에
땅을 가르며 흘렀다

'악' 소리 내뱉고 뻘건 피가
하얘지고 하얀 피가 강물처럼 흘렀다
애매히 쓰러진 이차돈처럼
하얀 피 되어 흐르는 엄마의 피
16살 시집와서는 고생만 죽살 나게 하더니
한순간에 하얗게 눈 껍데기 되었어, 라며
아버지는 새까맣게 기절했다
아· 아· 아· 아· 아·
그러나, 아버지 당신은 최선을 다하셨어요
하고 끌어안아 드려야 했건만

나는 그러지를 못하였다
극한의 슬픔을 어떻게 할 줄 모르는 아버지께
위로 한마디 못 하고 당신 책임인 양 돌아섰다

그 발길 눈물 같은 강물이 되어
오늘 밤도 내 창을 두드리고 있다

우산이 된 까마귀

처서 해거름, 차가운 비로 까만 옷을 적시고 있다
옥상에 만든 배추밭, 뿌린 싹이 올라왔을까 하였으나
거무스레 촉촉이 젖은 땅 위에 고양이시금치만 우산처럼 해죽이 웃고 있다
더 기다려야지 하며 고개 들고 하늘을 보니 물구름 사이로 창공 위에
전깃줄에 꺼무레한 우산 네 개가 점잖게 앉아 있다
적당한 거리에 드문드문 떨어져 부리를 비비고 빗물을 터는 우산 자세로 걸려 있다
"포개져라 우산아" 하는데
하나가 비를 털며 나무에 걸쳤다가 멀리 날아가 뒤뚱 나무숲을
가로지르는 전선에 아슬히 앉는다
우산 하나가 따라간다 그러나 안전거리를 유지한다
포개져라 포개져라 찢어져도 포개져라
가느다란 전선줄에서 까딱까닥 네 마리가
비바람에 떨고 있다 외로운 우산들 쇠붙이처럼 미련 떨며
나무속에 숨지 않는 까마귀표 우산들
까매지는 비에 덧난 칼바람조차 텅 빈 허공을 차갑게 흔들어 대는데
미련한 까마귀는 나무숲 우산 속에 피할 생각을 못 하는가 우직하게

전선의 우산이 되어간다
 나는 배추를 보려 하지만 잡풀이나 뽑으며 비를 맞고
있다

원앙벌에 해가 솟는다

어두움을 밀어내고 동림산에 해가 뜬다
여기 세정지에 용자산 정기가 흘러 흘러
원앙벌에 찬란한 빛으로 머무르니
청주곽씨사당을 빚어 올리는 뜻깊은 날이 밝았습니다

오늘 청주곽씨의 유구한 역사가 금빛 물살로 밀려오는 숭고한 아침, 우리는 겸허히 우리 선조를 생각해 봅니다
우리는 고려 초에 〈고려사〉 문헌 등에 기록된 청주곽씨로 병사공이라는 위대한 직책을 지냈으며, 실은 그 이전 천삼백여 년 전에 청주곽씨로 신라 헌강왕 때 시중을 지낸 곽상 시조가 계셨습니다 신라시대의 왕조로부터 나라에서 본관을 받은 이래 한 번도 변함없이 청주곽씨로 아직까지 찬란한 이름을 꽃피우고 있습니다
현재까지 우리 후손은 나라를 위하여 또 내 고장을 위하여
서로 손잡고 한마음으로 발돋움하며 복되게 살고 있습니다

망덕, 용자, 원앙 세정지에 워낭소리 정겹게 흘러넘치며
학이 노닐던 너른 원앙벌에는 자손이 번영하고
창대한 유업을 달성하고 있습니다

우리가 서로 손잡고 단결하여
　청주곽씨사당을 건립하였으니, 우리는 떠오르는 아침 해에 꿈을 심읍시다
　지평선 넘는 해에 우리의 소망을 키웁시다

　산과 물이 합쳐지는 아름다운 내 고장에
　찬란한 청주곽씨사당에
　조상의 숭고한 정신이
　영원히 울려 퍼지니,
　영원한 태양의 깃발을 펄펄 휘날리게 합시다

가을 길

가을걷이가 끝난 들판은
황톳빛 바다
농로가 시작되는 곳에 은행나무가
금방 떠날 듯 돛이 팽팽합니다
안절부절못하는
내 마음이 돛대에 매달리고
메마른 바람이 공중에서
땅으로 휘모리 칩니다
돛이 갈가리 찢기어 공중에서
자맥질 치며
떠밀려 바다로 달립니다
뼈만 남은 돛대
붙잡은 내 손이 떨렸습니다
전화를 받는 것조차 잊은 채
버리는 것을, 떠나보내는 것을 봅니다
바다로 흘러가듯이
놓아버리면 이내 가벼워져
빈 수레처럼 가을 길을
굴러갑니다

긴 다리 고라니야

산으로 둘러쳐진 외진 곳에 신작로 길게 누워있다
적막한 뙤약볕 아래 고라니 한 마리 서 있다
달포 전에 세 마리 조팝나무 사잇길에서 당당해 보였는데,
긴 다리 고라니야 오늘은 왜 혼자 서 있니
왜 얼쩡대고 겁먹은 목덜미로 얼핏 대고 있니,
'긴 다리 고라니야, 너 혼자 가는 모습이 너무 힘이 없어' 보인다
"고라니야. 그쪽 길로 가지 마. 그쪽엔 고삐 풀린 사냥개 두 마리가 살고 있어,
너 같은 긴 다리 꽉 물어버린다. 고라니쯤은 아무것도 아니야 산돼지도 잡는다."
"이쪽으로 와라. 이쪽으로 와. 우리 집엔 너를 살려 줄 옥수밭이 있어. 이쪽 우리 집 옥수수밭에 와서 살아라. 왜 자꾸 그쪽으로 가니. 이쪽으로 와 긴 다리야. 도망가지 마. 그쪽은 위험해"
'너도 뜻대로 못 하는구나. 네 어미가 간 자리로 가는 거니.
세상은 어차피 아슬아슬하니까, 엄마 따라가니'

태기왕의 비원 3
― 아라왕비를 찾아서

  칠월 그믐날
  우리는 어답산 뒷골로 들어갔지요
  선조들의 얼을 닮고 싶어서 걸어갔지요
  먼 먼 부족국가 시절
  진한의 아라왕비 누굴 찾아 수천 길을 왔을까요
  격전지를 지나 슬픈 소식을 헤치며 북으로 북으로 가는데,
  산라군에게 붙잡혀 능멸이 보이매,
  달빛보다 더 푸른 칼날을 들어 자결코자 하니,
  신라 혁거세왕 놓아주라 명했다지요
  지아비 찾아가라고
  산은 깊고 계곡물은 싸늘하니 파고들어,
  쓰라린 그녀의 눈물보다 더 지아비 걱정에
  타들어 가는 애간장을 녹여주었지요
  한뎃잠을 자는 아라왕비를 생각하며 걷는데,
  갑자기 허리를 곧추세우고 숲길에 나타난 독사 혓바닥
  생각도 없이 뒷걸음쳐 한참을 내달았네요 아, 부끄러워라
  그때나 지금이나 똑같은데
  내게는 신념도 없는 것인가요, 허영에 물들어 뱀을 혐오했으니
  그녀는 신념으로 전진하는데, 어답산 붉은 소나무 같네요

너덜겅, 솔수펑이를 꿋꿋이 걸어가고 있네요
산꼭대기로 열구름 흘러가고
그녀의 신망(信望)이 산목련 향기로
코끝에 와 닿는군요
하들하들 흔들리는 솔가지도 그녀의 마음을
대변하여 주고,
새소리도 우금 속 아라왕비를 칭송하고 있는 먼 시간을
나도 그녀에게 가고 있네요

등대와 등대 사이

　다도해 남쪽 끝, 청산도 작은 섬자락
　방파제 끝에 선 빨간 등대
　건너편 마주 보는 흰 등대가 꼭짓점을 잇고 있다
　그들 사이, 느닷없는 파랑 경보에 묶여 낯설고 외로운 섬에 남아
　이 밤, 사랑과 그리움의 높낮이를 그려 본다
　그리움이 더 높은 각도임을 흰 등대를 보며 생각한다
　고깃배들이 밧줄로 서로의 몸을 묶은 채
　파도 소리, 그리워한다
　사랑한다고 말하기를 수천 번
　빨간 사랑 등대에 불이 껌뻑이면
　맞은편 그리움의 흰 등대도 불을 켜는데,
　왜 나는 그리움에 더 높은 각도를 두려 하는가
　온통 사위는 까맣고
　지구 끝에서 달려온 파도
　높이 솟는 날카로운 물보라
　아우성치며 양쪽 등대를 휘감고,
　사랑과 그리움이 하나로 합쳐지는 도형을 그려본다
　꼭짓점들이 흐느끼는 사랑도 그리움도
　하나로 이어지는 불빛 사이에서
　사랑해야 하는 그 짧은 순간의 영원을 읽고 있다
　동맥과 정맥이 동시에 깜빡이는 불빛 너머로

등대와 등대 사이
이른 새벽 출항하는 고깃배를 생각한다
때로는 무겁고 즐거운 꿈을 꾸는
출항하는 갑판 위에서 펄럭이는
그리움 많은 고깃배

● 해설

종횡무진 우주를 넘나드는 시혼

— 최보정의 시 세계 —

이영춘(시인)

　최보정 시인의 시를 읽으면서 적잖이 놀라웠다. 4여 년 동안 대학원 학위논문과 석사 과정을 마치느라 시간이 없었음에도 불구하고 100여 편이 넘는 시를 창작하여 시집을 발간하게 되었으니 그 열정과 노력에 놀라지 않을 수 없었다. 최보정의 시를 읽으면서 그의 시에 나타난 특색을 크게 두어 갈래로 발견할 수 있었다. 첫째는 자연과 사물에 인간사를 접목시켜 주제를 살려내는 것이 그 첫 번째 특징이었다. 두 번째는 사물과 사물들의 숭고한 숨소리에 귀를 기울여 생명체의 고귀함을 천착해 내는 감각적 기법이 그 특징이었다. 쇼펜하우어가 역설한 바와 같이 "사물의 목소리를 듣지 못하면 그는 더 이상 시인이 아니다."라는 말을 방증하듯 최보정 시인은 사물들로부터 그들의 숨소리를 듣고 대화를 나누는 기법으로 시를 승화시켜 내고 있다. 그리고 그 사물들에게 인간사를 접목시켜 그 사물들과 함께 호흡하고 교감하는 생명세계를 그려내는 것이 최보정 시의 미학적 특성이다.

　각 부의 소제목에서도 시사示唆하는 바, 제1부 「또 하나의 소실점, 꽃」을 비롯하여 제2부 「상상의 꽃들」, 제4부 「꽃들의 생각과 감정」 등 자연적인 것을 소재로 하여 거기에 인생이야기를 접목시켜 주제를 살려내는 기법이다. 이제 최보정의 작품 세계를 감상하면서 그의 정서와 시 세계를 감상해 보자.

　활짝 핀 벚꽃, 흔적이 없어요/ 늦게 핀다는 섬강 둑길 벚꽃 찾는 늦은 밤
　가로등 아래 키 작은 벚꽃나무 한 가닥/ 하얗게 웃고 있네요, 아무도 없네요
　드문드문 회색빛 바위들은 나를 기다렸을까/ 가로등보다 더 희게 웃고 있어요
　검은 돌멩이들 철망에 갇혀 있는데도/ 고개를 들고 두리번거리네요
　봄밤, 어슬렁대는 고양이 하나 없는 개울가/ 이 깊은 밤 돌 위에 앉아
　벚꽃을 봅니다/ 찬 돌덩이, 내 가슴 위에 소실된 벚꽃들
　하늘하늘 때맞춰 피어나고/ 때맞춰 사라지는/ 공중의 물방울 되었어요
　무어라고 부르던, 아니 그냥 보이는 대로/ 모두가 진실인데/ 무얼 찾아 헤매나요

　새벽녘,/ 후두둑 바람이 불고 비가 듣기 시작하네요
　60년 만의 호우경보라니, 이 봄에/ 우리는 어디서 와서 어디로 가는가
　꽃들이 무참히 떨어지네요/ 내일이면 볼 수 없는,/ 마음으로 새기며 돌아오는,
　천둥번개 뒤편이 뽀얗게 모이네요

―「섬강(蟾江)둔치」전문

설날 아침 천지가 하얗다/ 산간 중부지방 한파주의보 뚫고
펄펄 내리는/ 저 긴 사연들이 봉투째로 뜯어지며
젖은 글씨로 쏟아진다/ 원주 세브란스 신경과/ 팔 층 병실에서
눈을 들어/젖은 글씨를 본다

갑자기 쓰러진 당신/ 우측 뇌는 굳어서 막혀 있고
뇌와 심장은 곳곳이 터져버린 실핏줄이었다
무조건 참고 참기만 한 결과였던가
단 한 번도 마음 턱 놓은 적 없는 당신은
늘 가슴이 옥죄어오고
빈맥으로 들뜨고 관상동맥은 끊어지고 막히고
손끝 발끝에는 먹글씨 같은 피를 매달고
당신이 내게 보내오는 저 사연들은 허공에서 흩날리나
무거운 편지/ 날카로운 압정 같은 저 글씨들
내 심장을 찌른다

—「서설을 읽다」2~3연

「섬강(蟾江)둔치」, 제목에서 암시하는 대로 사라져가는 것에 대한 소회와 정서를 모티브로 한 묘사다. "회색빛 바위들은 나를 기다렸을까/ 가로등보다 더 희게 웃고 있"고 검은 돌멩이들 철망에 갇혀 있는데도/ 고개를 들고 두리번거리네요"라고 '섬강(蟾江)둔치'란 장소에 존재하는 사물들의 모습을 시자법示姿法으로 의인화한 시다. 그런데 그 '섬강 둔치' 이면에는 외로움의 정서를 동반하고 있다. "어슬렁대는 고양이 하나 없는 개울가/ 이 깊은 밤 돌 위에 앉아/ 내 가슴 위에 소실된 벗꽃"을 보는 것과 같이 화자persona의 고즈넉하고 쓸쓸한 분위기가 고조된다. 소실, 소멸로 인한 분위기 때문일 것이다.

그리고 2연에서 "우리는 어디서 와서 어디로 가는가"라는 존재론적인 의문을 제시하면서 한껏 쓸쓸하고 적막한 분위기를 조성한다. 결국 이 시는 '꽃의 소실'이란 주제와 인생의 허무함을 등가等價로 대비시켜 화자의 외로운 정서를 그려낸 작품으로 그 울림이 매우 크고 깊다.

「서설을 읽다」라는 작품은 상서로운 눈雪을 상징하듯 "설날 아침 천지가 하얗다/ 산간 중부지방 한파주의보를 뚫고/ 펄펄 내리는/ 저 긴 사연들이 봉투째로 뜯어지며/ 젖은 글씨로 쏟아진다"고 '서설'의 분위기를 한껏 고조시킨다. 그런데 화자는 "원주 세브란스 신경과/ 팔 층 병실에서/ 눈을 들어/ 젖은 글씨를 본다"고 누군가가 병원에 있음을 암시한다. 그 암시는 3연에서 "갑자기 쓰러진 당신"으로 전개된다. 창밖에 내리는 서설을 쓰러져 입원한 남편에게 보내는 "젖은 글씨"로 표현한 발상이 일품이다. 화자는 이와 같이 상서로운 눈을 상징하는 서설瑞雪과 현실적 극한 상황의 사건을 대비시켜 긴장감을 유발케 하는 기법으로 분위기를 고조시키고 있다. 긴 여운이 전율적으로 다가오는 작품이다.

돌아보면
언제나 물길의 꿈은
샛별처럼 파르르한 상처를
아이처럼 물의 노래로 찰름찰름 떨치고
빈 발자국들이
안식으로 반영되는 것이다
이미 사라진 별에서도 어둠을 밝히는 빛이 스며든다

—「기억의 물방울」 3연

저것 좀 봐/ 자기가 고래인 것처럼 물보라를 뿜어 대며
신나게 자맥질을 해 대네/ 올 들어 가장 추운 소한 날에
얼음이 핀 섬강의 갈대숲을 벽으로 삼고
가정을 꾸릴 준비가 바쁘네/ 부부인 듯한 뚱뚱보 청머리오리
나란히 뒤돌아보며/ 숱한 새끼들을 교육시키네
말도 잘 들어 첨벙첨벙 풍덩풍덩 풍더덩/ 목욕을 하네
물보라 일으키며 날개를 퍼덕이며 신이 한참 오르나 봐

―「겨울 섬강에서 배우는 것들」1연

폭설이 내리는 내설악 길을 달린다
산 아래 골짜기 고향 마을에 눈길을 주지도 않고
봄눈 속 칼바람 소리를 들으며 정상을 향해 달린다
입춘이 지나고, 우수가 지나고, 경칩이 지나도
명치끝을 찌르며 치받아 오르는 불덩이
의사는 화병이라지만 그리움을 버리려
폭설이 내리는 한계령 길을 달린다

―「한계령에 내리는 봄눈」1연

최보정 시인은 위의 시와 같이 자연과 인생사事를 대비시켜 한 폭의 그림처럼 전경화한다.「기억의 물방울」은 어린 날의 "파르르한 상처를" "물의 노래로 찰름찰름 펼치고/ 빈 발자국들이" "사라진 별에서도 어둠을 밝히는 빛"으로 스며드는 것으로 승화시킨다. 상처에서도, 사라진 별에서도 어둠을 밝힐 수 있는 빛으로 승화시켜 내는 시가 바로 최보정 시인의 상상력이다. '찰름찰름'이란 의성어는 '찰랑찰랑'의 더 큰 말로 그 음상이 감각적 이미지를 증폭시킴에 더없이 아름답다.

「겨울 섬강에서 배우는 것들」은 따뜻한 인간애를 은유한 서정적 미학이다. '겨울'이란 단어를 차용함으로 춥고 삭막함 속에서도 물오리들은 서로 따뜻한 온기를 나눈다는 상상력으로 세상을 대유한다. 더구나 "첨벙첨벙 풍덩풍덩" 자맥질하는 모습을 새끼 오리들에게 교육하고 있다고 상상한다. 가히 "시는 상상력의 산물"이라고 한 허드슨의 말을 상기하지 않을 수 없다.

「한계령에 내리는 봄눈」에서의 시적 발화의 근원은 그리움이다. "의사는 화병이라지만 그리움을 버리려/ 폭설이 내리는 한계령 길을 달린다"고 역동적으로 묘사한다. 이와 같이 최보정 시인은 모든 사물에게 감정이입으로 시적 경지를 이뤄내고 있다. 그러므로 그의 시는 기발한 발상과 상상력으로 사물과의 교감, 그 교감에서 생성되는 삶의 진리를 노래하는 것이 그의 시적 미학이다.

2. 영혼이 머무는 인연의 꽃들, 꽃들의 생각과 감정

〈꽃들의 생각과 감정〉은 4부의 소제목이다. 이렇게 꽃들과 교감하는 시인은 이미 사물과의 동화된 세계 속에서 살고 있다는 방증일 것이다. 자연과 함께 숨소리를 나눌 수 있는, 그리고 그 자연을 소재로 시를 쓰는 시인은 소로(Henry. D. Thoreau)의 말대로 "자연의 서기"이다.

>   해거름, 노을 아래 섬강은 의젓하게 흐른다
>   여름의 열기를 부여잡고
>   잔영에 코스모스 바람결에 삼색을 태운다
>   빗금을 치는 햇빛은 여백을 채워
>   행간마다 보이지 않는 모든 색을 연출한다

(중략)
꽃잎들이 하얗게 흘러간다
강물과 코스모스의 어울림은
바람결에 무반주 첼로의 문간방 선율
더 이상 꿈꾸지 않으려는 몸부림이다

—「삼색의 코스모스 모여 있다」부분

새가 되고 싶다 둥지쯤은 뒤에 두고
그리움 찾아가는 나그네새가 되고 싶다
갈대밭에서 쉬기도 하고
얼음강 탐사하듯 매만지며 영원을 향한
비상을 꿈꾸는 새가 되고 싶다
차가운 얼음 위를 걷는 빨간 발바닥으로
얼어버린 사랑을 녹여내며 걸어나간,
얼음강 위엔 새 발자국밖에 없다

—「얼음강 위엔 새 발자국밖에 없다」 3연

「삼색의 코스모스 모여 있다」에서 '삼색'은 무엇일까? "해거름, 저녁노을과 바람결에 흔들리는 코스모스와 빗금을 치는 햇빛"이 아닐까? 이와 아울러 또 삼색으로 볼 수 있는 것은 이 시의 말미에서 삼색이 선명하게 그 모습을 드러낸다. "꽃잎들과 강물과 코스모스"가 그것이다. 이 삼색은 세월 혹은 시간의 상징으로 자연과의 조화와 이치를 화자는 시각적 이미지로 조화롭게 그려내고 있다. 좋은 시는 이렇게 감각적으로 승화되었을 때 그 진가를 발휘한다. 그래서 일찍이 에머슨과 호라티우스는 "시는 언어로 그린 그림이다." "시는 말하는 그림이고, 그림은 말 없는 시다."라고 하지 않았던가! 최보정 시에서 삼색의 그림을 보듯 강물과 꽃잎들과 햇살의 움직임이 공감각적 이미지로 승화되어 한 폭의 그림과도 같이 클로즈업된다.
「얼음강 위엔 새 발자국밖에 없다」는 이 시는 자연, 그리고 동화 같은 세계를 꿈꾸는 심상이다. "그리움을 찾아가는 나그네새가 되고 싶기"도 하고 "비상을 꿈꾸는 새가 되고 싶다"고 노래한다. 세상에 물든 세속적 욕심을 버리고 순수 자연의 비상을 꿈꾸는 새와 같은 순수성의 발화이다. 그래서 이 시는 더욱 아름답다.

  내 고향길이 저토록 장엄한 의지의 표상인데
  내 어찌 졸렬히 살아가려고
  내 어찌 호연지기 쾌활을 잠시라도
  잊으리오

  강으로부터 일어선 물안개는
  골짜기를 하얗게 태우고
  하늘로 봉황처럼 비상하고 있다

―「비단 안개길」 4~5연

  오늘 벚꽃가루를 털어버렸다
  아주 오래 손수건에 쌓아왔던
  흰 꽃가루, 시멘트 횟가루 되어
  털어버린다
  폭풍우가 내리지 않는
  장밋빛 유월에 펄럭펄럭 허공으로
  먼지로 보낸다

벚꽃도, 세월도, 나도 티끌이 된다
왜 이리 가벼울까?

―「벚꽃가루」 전문

위의 두 작품은 최보정 시인이 살고 있는 고장에 대한 사랑의 정서에서 발화된 작품이다. 사람은 일생을 사는 동안 고향 의식에서 벗어나지 못한다고 한다. 그래서 예로부터 수구초심首丘初心이란 말이 존재하지 않았는가! 최보정의 고향 의식은 남달리 강한 어조로 표현된다. "장엄한 의지의 표상"이기도 하고 "호연지기"의 쾌활"로 은유된다. 끝내는 "봉황처럼 비상하고 있다"고 점층적으로 고향 의식을 묘사한다.

고향에 대하여 쓴 시, 「횡성 한우(韓牛)동상」이란 작품에서는 "빛나는 한우 동상에/ 빗물이 소리 없이 흘러내린다/ "웰컴 투 횡성" 별마크가 허공중에 흐른다."고 한우의 고장인 '횡성'을 '한우로 조형한 동상'을 매개로 하여 상징적으로 고향 의식을 그려내고 있다.

「벚꽃가루」는 인생의 그 어떤 무거움을 털어내려는 심상이다. "벚꽃도, 세월도, 나도 티끌이 된다"고 진술한다. 그리고는 "왜 이리 가벼울까? 라고 자문한다. 인생의 무게를 함의하는 시상의 연상 작용으로 빈손 같은 가벼움의 미덕을 은유한 기법으로 일품이다.

3. 비단 안개길 같은 인연의 상징성

우리 인간사는 모든 것들과 관계 맺음으로써 삶을 영위한다. 그것을 불가에서는 '인연'이라고 칭한다. 인연에 대한 사전적 의미는 사람과 사람 사이의 연분, 또는 어떤 상황이나 일, 사물과 맺어지는 모든 관계를 뜻하는 말이다. 최보정 시인은 사람과 사람 사이의 관계도 중요시 여기지만 무엇보다 자연물과의 관계 설정으로 인연을 맺고 있는 시인이다. 왜냐하면 거의 모든 시가 사물을 소재로 하고 있기 때문이다. 사람과의 관계 설정에도 그 대상은 사물을 인유하여 승화시키고 있다.

    백지 한 장 가득/ 가시만을 골라/ 엉겅퀴 같은 관을 만든다//
    단발머리 학창 시절/ 그녀는 늘 내게 가시가 되었다//
    사십 년 나를 향해/ 날아온 가시/ 오늘 그 미운 가시//
    꽃잎처럼 가득히 모아/ 한 장 소지로 올린다//
    불빛 속에 타오르는/ 가시 연기는/ 동구라니 찔레 꽃잎으로 날아간다//
    그 꽃잎/ 키 큰 장미대궁에 날아와 앉아/ 노란 장미꽃으로 벙근다
    장미꽃 속에서 피어오르는 가시/ 솟구치는 숨결이 된다

                        ―「백지 한 장 태우는 것은」 전문

    내 속의 그리움이 허망해질 때 섬강 곁으로 가면,
    비가 씻겨주고 떠난 자리에
    해거름 다가서는데
    백로가 물 위에 머물던 고요, 그 자세로
    은빛 바위 등에 서 있다 그 바위 턱에 애기
    백로가 기어오른다
    갑자기 긴 목을 **빼고** 어미가 날개를 턴다
    물보라에 새끼가 바위 아래로 떨어진다
    (중략)
    일순,

허망하게 하늘 가신 어머니가 내려앉는다
　　생전에 늘 새가 되고 싶다던 그 눈길, 하늘가를
　　돌더니 하얀 새로 허허로운 염원 이루셨나
　　아, 그럼. 멀리 가시지
　　나의 시야에서 냉정함을 가르치시네
　　고독의 힘을 날갯짓으로 훈육하시네
　　(고독하게 혼자 가라고…)

　　왜, 외롭고 목 긴 새만 보면
　　어머니 새로이 오신 것 같아 가슴이 쓰려 올까

　　　　　　　　　　　　　　—「섬강 백로의 시선」 전문

「백지 한 장 태우는 것은」 사람과의 관계 형성을 형상화한 시다. "단발머리 학창 시절/ 그녀는 늘 내게 가시가 되었다/ 사십 년 나를 향해 날아온 미운 가시" 같은 존재다. 그 가시를 "꽃잎처럼 가득히 모아/ 한 장 소지로 올린다"고 술회한다. 망각하고 용서하겠다는 화형식 같은 "소지를 올리는" 제의이다. 얼마나 질긴 가시이면 사십 년이나 박혀 있었을까? 사람은 누구나 다 이런 가슴 속에 박힌 못과 같은 가시 하나씩은 갖고 있을지도 모른다.

「섬강 백로의 시선」은 화자의 마음속에 어떤 "그리움이 허망해질 때 섬강 곁"으로 나간다. 그런데, 거기서 백로를 만난다. 어미 백로와 새끼 백로들이 노니는 광경을 보는 순간, "허망하게 하늘 가신 어머니를" 그리워하는 심상이 겹친다. 화자는 "외롭고 목이 긴 새만 보면/ 어머니가 새로이 오신 것 같아 가슴이 쓰려" 온다고 고백한다. 거리에서 지팡이를 짚고 겨우 다리를 옮기는 노인을 보면 어머니가 생각나는 그런 천륜지정의 정서다. '백로의 시선'은 곧 화자인 최보정의 시선을 은유한 애잔한 시선이다. 따뜻한 이런 시선은 다음의 시에서도 이어진다.

    산속 응달진 곳에,/ 사시는 시모님/ 냉이밭 헤치던 어제가 춥다고 하시더니
    청사초롱 드문드문/ 집 앞에 벚꽃 등불 피워 매달아 놓으셨네

    어머니 생일날, 보름달은 구름에 가려/ 희부염한데,
    희디흰 꽃 대궐로 모셔다가 불효를 채우려 했더니
    저 꽃들이 느그들 사 온 생크림같이／ 이쁘구나 하신다

    공간을 초월한 눈 속에
    꽃잎이 든다 자식들이 자라서 흰 꽃을 피운다

    고만고만한/ 꽃들, 손자 손녀 개나리 진달래
    시집간 딸들은 한동안 예쁜 벚꽃이 된다

    누구라도 가릴 것 없이／ 사랑할 수 있는 나이
    벚꽃 지는데/ 저것이 자손들로 보이다니

    벚꽃 피우지 못해/ 붉은 꽃받침이 되지 못한 나의 눈이
    구름에 쌓여 뿌옇게 흐려온다

                               —「어머니, 벚꽃」 전문

「어머니, 벚꽃」은 네 갈래로 비유된 꽃이다. 하나는 "산속 응달진 곳에,/ 사시는 시모님"이 "집 앞에 초롱초롱 등불 피워 매달아 놓은" 등불로 은유한 꽃이고, 두 번째는 그 꽃송이들을 "고만고만한" "손자 손녀"를 비유한 꽃이다. 세 번째는 화

자의 심정을 잘 그려낸 "어머니 생일날 희디흰 꽃 대궐로 모셔다가 불효를 채우려 했더니"와 같이 효심의 발화로 핀 꽃이다. 그런데 반전으로 오히려 어머니가 "저 꽃들이 느그들 사 온 생크림같이/ 이쁘구나 하신다" 비유적 묘사가 절창이다. 어머니는 그 '벚꽃'을 자식들이 사 온 '생크림'으로 은유한 것이다. 어머니와 자식 간의 따뜻한 정과 사랑의 교감으로 승화된 시로 매우 아름답다. 이렇게 꽃을 보고 이 세상에 없는 어머니를 소환하여 자손들과 이야기를 나누듯이 시각적 이미지를 잘 살려낸 작품이다. 흔히 볼 수 있는 '벚꽃'이 이렇게 가족 간의 화기애애한 사랑의 꽃으로 승화될 수 있다니 가히 최보정 시인은 아름다운 언어의 마술사다.

최보정 시인의 작품은 어떤 소재를 만나도 이렇게 인간사와 접목시켜 시를 창작해 내는 탁월한 우월성을 띠고 있다.「이팝꽃이 눈을 적시다」란 시를 보자.

> 어깨뼈 골절 수술로 스탠스 두 가닥을 박은 아버지 '괜히 수술받았다 이순신 장군처럼 뼈가 부러져도 수술받지 않고 견뎌내야 하는 건데, 왜 수술을 받았나 하며, 후회의 말 하신다
>   의사가 인공 뼈 넣으며 절대 심한 일 하시면 안 됩니다 명토 박이 했건만, 가는 날로부터 또 일을 하셔서 또 두 동강 나셔서 네 동강에 툭 돌아나셨건만, 잘못 찌르면 목숨이 위험하다 하시건만, 여전히 이순신 장군 타령만 하시고는, 입은 꾹 닫으시고, 창밖을 보신다
>   이팝은 고봉밥으로 일꾼 밥으로 꼭지까지 수북하고,
>   간혹 비바람에 떨어진 밥알은 똑 그 나무 아래 소복하고,
>   저 이팝 허연 꽃 아버지 눈물 뼈 꽃,
>
> ―「이팝꽃이 눈을 적시다」일부

'이팝꽃'은 이팝나무에서 피는 꽃으로 마치 쌀밥과 생김새가 비슷하다고 하여 붙여진 이름이다. 「이팝꽃이 눈을 적시다」는 아버지의 "어깨뼈 골절 수술로 스탠스 두 가닥을 박은 아버지"의 허연 인공 뼈를 '이팝꽃'으로 그 이미지를 살려낸 시다. 힘든 일을 말려도 아버지는 "이순신 장군 타령만 하시고는, 입은 꾹 닫으시고 창밖을 보신다"에서 창밖을 응시하는 아버지의 쓸쓸하고 허허로운 영상이 겹쳐 온다. 찡―한 울림이다. 아버지의 노동으로 그 "이팝은 고봉밥으로 일꾼 밥으로 꼭지까지 수북하고" "저 이팝 허연 꽃 아버지 눈물 뼈 꽃."이라고 대유한다. 아버지의 어깨에 박힌 인공 뼈를 '이팝꽃'으로 비유한 것도 기발한 발상이고 아버지를 연민의 정으로 바라보는 화자의 애련한 성정과 아버지의 "눈물 뼈 꽃"이 전율로 다가와 가슴을 서늘하게 한다. 최보정 시인은 이렇게 모든 사물과 그리고 자연물을 소재로 하여 그것에 인생사를 접목시켜 시를 창조해 내는 능력의 시인이다. 아버지에 관한 가슴 아픈 시를 한두 편 더 감상하지 않을 수 없다.

어머니 돌아가시자 산소에서 시묘살이 하시겠다고
자식들이 벽창호 같으니 손수
한 장 한 장 기왓장을 나르고 나무를 자르고
어두워져서야 산에서 내려오시던 아버지//
비로소 다 되었다며 집에 있는 꽃을 옮기시는데
유난히 어머니가 연분홍 상사화를 좋아하셨다며
포크레인 쇼바 속에 상사화 구근을 가득 담아
무덤가에 돌아가며 심으셨는데// (중략)
상사화를 옮겨 심은 날, 애린 싹을 언 땅에 심고 다독였을 손마디
마디를 무덤은 기억하고 있을 때
손가락의 온기가 아직 축축할 텐데

아버지, 어머니 곁으로 가셨다
어둠이 밀어낼 때까지 무덤을 못 떠나고 겨우 내려오시다가
취객의 헛돌은 운전에 길에서 운명하신 아버지

―「먼, 먼 이별」일부

 이 시의 주제는 온통 '사랑'이 중의적 구성으로 이뤄져 있다. 화자가 아버지를 사랑하는 마음과 그리고 화자의 아버지가 그의 아내를 사랑하는 마음과 정성이 심층적 구조로 서술되어 있다. 아버지는 화자의 "어머니 돌아가시자 산소에서 시묘살이 하시겠다고" 한다. 순애보 같은 사랑이다. 아내를 위해 '시묘살이' 하는 남편, 이 세상에 귀감이 될 만한 일화다. 화자는 "시묘살이" 하시던 아버지가 안타깝게 돌아가신 사유를 서술하고 있다. "아버지는 시묘살이 하는 아내의 묘지에 "상사화 구근을 가득 담아/무덤가에 돌아가며 심"은 날, 산에서 내려오시다가 "취객의 헛돌은 운전에 길에서 운명"하셨다고 그 애통함을 호소하듯 서술한다. 소설 같은, 아니 서사 같은 아버지의 생을 그려낸 이 한 편의 시가 우리 사회에 던지는 의미는 큰 공감을 불러일으킬 만하다. 가슴 아픈 이 한 편의 서사에서 우리는 무엇을 생각해야 할까? 오늘날같이 이혼율이 높고 교통사고도 많은 우리나라에 경종이 될 만하지 않은가!
 이와 같은 순애보 시를 한 편 더 감상해 보자.

과로로 쓰러진 채/ 눈 한 번 못 뜨고 말았다
76년 죽도록 일만 하던 아내를/ 갑자기 죽게 만든 건
나라고, 나라고, 통곡한다

보조기에 심장이 찔려/ 피가 솟구치는지 무섭도록 철철/

예수보다 더운 피 강물처럼 흘러서/ 늦가을 붉은 고추밭에/
땅을 가르며 흘렀다

'악' 소리 내뱉고 뻘건 피가/ 하얘지고 하얀 피가 강물처럼 흘렀다/
애매히 쓰러진 이차돈처럼/ 하얀 피 되어 흐르는 엄마의 피
16살 시집와서는 고생만 죽살 나게 하더니/
한순간에 하얗게 눈 껍데기 되었어, 라며
아버지는 새까맣게 기절했다

—「아버지의 통곡」 1~3연

참으로 안타까운 사연을 소재로 한 시다. 아버지가 그토록 사랑하던 아내, 즉 화자의 어머니가 돌아가셨을 때의 통곡이다. "죽도록 일만 하던 아내를/ 갑자기 죽게 만든 건/ 나라고, 나라고, 통곡한다." 화자는 객관적 시선으로 아버지의 아픔을 그려내고 있지만 4연에서부터는 아버지를 바라보는 삼인칭 시점에서 화자의 아픈 심정과 회한을 형상화하고 있다. 「먼, 먼 이별」이란 작품에서 보았듯이 죽은 아내를 위해 '시묘살이'를 하시던 아버지의 그 지극한 사랑과 헌신은 현대판 '순애보'라 하지 않을 수 없다. 후손들에게도 좋은 귀감이 되는 아버지의 말 없는 교훈의 덕목이 되고도 남을 만하다.

4. 꽃들의 생각과 감정을 읽을 줄 아는 시인

'꽃들의 생각과 감정'이란 제목은 4부에 배치한 타이틀이다. 최보정 시인은 이렇게 꽃들과의 합일체를 꿈꾸는 듯 온통 꽃들과 대화를 나누면서 거기에서 삶의 의미를 찾기도 하고 지

혜를 배우기도 한다. 또 하나 더 큰 특징은 전제한 바와 같이 그 사물들에게 인생사, 즉 사람 사는 일들을 접목시켜 꽃과 사람들이 동일체로 살아가는 시작법을 구사하고 있다. 일종의 사물에게 감정이입 시켜 시로 승화해 내는 작법이다. 다음의 작품을 감상해 보자.

> 대성 장례예식장 뒷길
> 효도요양원 앞문, 뒷문, 울타리 온통
> 새빨간 장미 덩굴로 활활
> 열꽃이 피어오른다
> 한 노인이 휠체어에 앉은 채
> 손을 뻗어 꺾으려 하다 멈칫
> 손에 힘주어 꽃줄기를 구부리려다 멈칫
> 그래, 깊게, 환하게 숨을 들이마시며
> 다음날을 기약하듯 고개를 끄덕입니다
> 생기롭게 장미 넝쿨에 벌떼가 내일을 위해 왁자합니다

―「다음, 장미는 피어난다」 전문

  삶과 죽음의 경계를 '장미'라는 매개를 통하여 절묘하게 매치, 승화시킨 수작秀作이다. 삶의 극한점에 닿아 있는 "장례식장"과 "요양원 앞문, 뒷문 울타리"가 온통 "새빨간 장미 덩굴로 활활" 사랑과 환희를 상징하듯 피어오른다. 그것에 대비되는 인생의 한계를 예고하듯 "한 노인이 휠체어에 앉은 채"로 등장한다. 대조적인 시적 설계가 일품이다. 그런데 "휠체어에 앉은" 그 노인이 "손을 뻗어 꺾으려 하다 멈칫/ 손에 힘주어 꽃줄기를 구부리려다 멈칫"거리며 그 노인은 꽃을 꺾지 않는다.

여기에서 작자는 많은 의미를 제시한다. 노인이 그 꽃을 다 꺾어 버린다면 다음날에 그 꽃을 볼 수 없다는 암시다. 볼 수 없다는 암시는 죽음을 예감하는 이미지 상승으로 이어질 수도 있기 때문이다. 작자는 아니 최보정 시인은 이 시에서 지혜롭게도 많은 의미의 시사점을 던진다. "다음날을 기약하듯" "장미 넝쿨에 벌떼가 내일을 위해 왁자합니다."라고 생명의 찬미 같은 이미지 승화로 생명의 고귀성을 살려내는 것이다. 노인의 단순한 듯한 손놀림 속에서도 많은 의미를 암시하는 좋은 작품이다.

> 그대 향한
> 그리움을 꺾을 수 없어, 눈바람 속에서도 퍼런 칼잎 키우더니
> 유월에 제초제 맞은 것처럼 사그라졌습니다
> 죽었어도 천상에 이르지 못하여
> 찬바람 속 가을 하늘 불화산으로 다시 솟았습니다
> 꽃잎마다 오글오글 타들어 가는 모습으로
> 수술만을 더듬이로 세우고
> 열매도 키울 수 없는, 붉디붉은
> 짝사랑 고귀하게 뿌려놓았습니다
> 떠난 다음부터 간절해지는 사랑
> 바라보는 그대여!
> 죽음, 그 너머 이르기까지
> 어느 것에도 기대지 않은 나의 고독한 언어
> 솟구쳐 타들어 가는
> 붉은 눈물꽃 사랑
>
> ―「상사화」 전문

'상사화'는 한국이 원산지이며 다년생 꽃이다. 그런데 안타깝게도 꽃이 필 때는 잎이 없고, 잎이 필 때는 꽃이 피지 않으므로 꽃은 잎을 그리워하고, 잎은 꽃을 그리워하면서도 끝끝내 만나지 못한다는 의미로 '이뤄질 수 없는 사랑'을 비유한 꽃이다.

최보정 시인의 '상사화'는 어떤 의미의 꽃일까? 인간에 대한 '상사화'일 수도 있겠으나 그보다 더 심오한 '언어'에 대한 '상사화'로 유추할 수도 있다. 깊고 심오한 언어, 바로 신이 주셨다는 시의 언어, 그 언어의 세계를 그리워하는 '상사화'로 읽어도 좋을 것 같다. 최보정 시인의 그 상사화는 바로 "어느 것에도 기대지 않은 나의 고독한 언어"이며 "솟구쳐 타들어 가는/ 붉은 눈물꽃 사랑"이기 때문에 오롯이 시의 언어, 예술을 갈망하는 '상상화'라 명명해도 옳지 않을까 역설力說한다.

5. 영원한 신의 언어, 그 언어의 날개를 향하여

최보정 시인의 시는 순수하다. 이런 순수성의 정서는 그의 신앙심에서도 잘 드러나고 있다.

「내 기도의 변천사」란 시에서 그는 진솔하게 신앙생활의 과정을 고백하듯 '변천사'라고 언술한다. 신의 그 오묘한 진리와 섭리에 도달하기란 참으로 어려운 과정일 것이다.

1.
젊은 날에는/ 사랑에 영원성을 붙여
사랑을 기도하였습니다/ 그러다가 마음을 다치고
깊은 밤 혼자 일어나 칼을 만들었습니다
푸른 달빛에 비수를 담고/ 정화수를 치웠습니다

2.
외로워 다시 바꿨습니다/ 마음 한복판에 '추억'을 쓰고
그 글자 되새김질하며/ 지나가는 바람이 흔들어 떨어뜨릴 때까지
칼은 먼 별빛에 걸어 놓았습니다

3.
얼마 전, 꽃잎을 찾았습니다/ 칼집은 별빛입니다 달빛입니다
사랑은 영원이 없는 것을 모르면/ 증오를 낳기에 말을 삼갑니다
기도는 소중, 감사, 존경 세 마디를/ 칼로 내리치듯이
찰나에 내뱉어도 된다고 합니다/ 칼끝에서 한 달도 못 되어
그들은 반짝이는 별빛이 되고 날개를 달고 들판을 달립니다
앙가슴이 어린애 눈빛을 배우려고/ 이슬 담은 풀꽃을 바라봅니다

― 「내 기도의 변천사」 일부

이와 같이 최보정은 신의 어떤 경지에 도달하기까지의 그 어려운 여정을 술회하고 있다. 신앙심의 이 어려운 과정은 환경이 아니라 믿음의 자세일 것이다.

1에서 "사랑에 영원성을 붙여/ 사랑을 기도하였"고 2에서는 외로워서 기도했다는 것을 고백한다. 최보정 시인이 믿는 종교의 최고의 진리는 하늘의 영성에 닿기 위한 기도일진대 그는 중보적 기도가 아닌 마음의 파동과 마음의 변화에 따라 움직이는 신앙심을 변천사라고 표현하고 있다. 마태복음 18장 1절에서 "진실로 너희에게 이르노니 너희가 돌이켜 어린아이들과 같이 되지 아니하면 진실로 천국에 들어가지 못하리라."와 같이 최보정은 3에서 "앙가슴이 어린애 눈빛을 배우려고/ 이슬 담은 풀꽃을 바라봅니다"라고 그 순수성을 지향하는 마음의 기도로 메시아를 우러르고 있다. 이 성경 구절과 같이

"어린애 눈빛을 배우려고"하는 마음이 신앙의 중심 화두다. 이렇게 최보정은 자신의 신앙생활을 돌아보고 반성하고자「내 기도의 변천사」를 쓴 것으로 간주된다. "어린애 눈빛"과 같은, 그 눈빛을 닮고 싶어 하는, 그런 순수성을 바탕으로 최보정의 모든 시는 자연물과의 교감으로 승화되어 이상적 세계를 지향하고 있다.

　이번 시집의 표제작인「또 하나의 소실점, 꽃」에서도 암시되는 바와 같이 그는 자연과 사물에 인간사를 접목시켜 새로운 시 세계를 구축해 내는 독특한 시 작법을 활용하고 있는 시인이다. 이렇게 자연과 사물과 인생사를 접목시켜 내는 서사 속에는 화자와 그리고 거기 등장하는 주체들의 아픔과 한과 인내와 고통을 감수해 내는 강물 같은 정서가 한 차원 높은 시의 경지를 이뤄내고 있다. 앞에서 예시한 작품 중에서도「이팝꽃이 눈을 적시다」,「먼, 먼 이별」,「다음, 장미는 피어난다」,「어머니의 벚꽃」등 많은 작품이 공감을 넘어 우리들 삶에 귀감이 되는 작품들이다. 그리고 최보정 시인은 예술을 향하여, 이상을 향하여, 높은 하늘을 끊임없이 날고 싶어 "꿈꾸는 새가 되고 싶다"고 한다. "차가운 얼음 위를 걷는 빨간 발바닥으로/ 얼어버린 사랑을 녹여내며 걸어 나간,/ 얼음강 위에 둥그렇게 찍어놓은 새 발자국/ 그런 새가 되고 싶다"(「얼음강 위에 새 발자국」)고 노래한다. 이런 시 세계가 곧 최보정 시인이 지향하며 비상하고픈 이상 세계일 것이다.
　그 이상은 결국 무엇이겠는가? 뮤즈에 대한 열망, 창작에 대한 열망, 학문에 대한 열망, 그런 욕구라 표현해도 좋으리라 인식된다. 왜냐하면 최보정 시인은 항상 예술에 대한 욕구로 창작활동은 물론, 시 낭송가로서, 시 낭송 지도사로서, 회장을 맡아 다년간 '전국 시 낭송 대회'를 개최하는 등 어느 한

순간도 놓지 않고 예술과 접목된 삶만을 살아왔기 때문이다. 또한 학문 분야에서도 늦은 나이에도 불구하고 창작과 연관된 석사과정을 모두 마쳤기 때문이다. 그 열정과 욕구는 허드슨의 말대로 예술적 가치를 추구하는 "이상 세계에 대한 욕구"일 것이다.

  이런 끊임없는 열망과 욕구로 더 높게, 더 크게 비상하는 붕새가 되기를 축원하면서 이번 시집 발간을 축하드린다(lee)

문학세계대표작가선 1030

또 하나의 소실점, 꽃

최보정 시집

인쇄 1판 1쇄   2024년 10월 21일
발행 1판 1쇄   2024년 10월 28일

지 은 이 : 최보정
펴 낸 이 : 김천우
펴 낸 곳 : **문학세계** 출판부 / 도서출판 **천우**
등   록 : 1992. 2. 15. 제1-1307호
주   소 : 서울시 광진구 구의강변로 85 강우빌딩 7F
전   화 : 02)2298-7661
팩   스 : 02)2298-7665
http://cafe.naver.com/chunwu777
E-mail : cw7661@naver.com

ⓒ 최보정, 2024.

값 18,000원

＊도서출판 천우와 저자의 서면 동의 없는 무단 전재 및 복제를 금합니다.
＊저자와의 협의에 따라 인지는 생략합니다.
＊이 도서는 한국예술인복지재단 예술활동준비금 지원을 받아 발간되었습니다.

ISBN 978-89-7954-941-6